お金をふやす本当の常識
シンプルで正しい30のルール

山崎 元

日経ビジネス人文庫

まえがき

本書は、お金のふやし方に関する本当の常識を説明するものです。

「本当の常識」などと持って回った言い方をする理由は、これまでの多くの書籍やセミナーなどがお金の運用について説いてきた考え方の中に、間違いや不足、具体性の乏しさ（サービス不足！）などが数々あったからです。

こうした間違いには理由が二つありました。

一つめは、伝え手側が、そもそも運用の正しい考え方を理解せずに、書いたり、他人に教えたりしてきたからです。広く伝わっているけれども誤解だったというようなものもあれば、運用先進国といわれるアメリカなどで常識とされていることが間違いだったというようなケースもあります（幾つもあります）。特に、後者のケースでは、間違えているその人が外国の権威を笠に着て自信満々ということがしばしばあります。

本書では、こうした間違いが、なぜ間違いなのか、読者自身がたどることができるように説明し、正しい考え方をお伝えすることを目指しました。タイトルに「常識」

と書いているくらいですから、決して難しくはありません。ご安心下さい。

間違いのもう一つの理由は、マネー運用に関する情報の背後に運用ビジネス側の都合があったからです。誤解ではあっても、金融機関や保険会社、運用会社などにとって好都合な話は広まりやすかったし、運用商品の欠点や隠れた手数料など彼らにとって不都合な事実は伝わりにくかったのです。

本書では、運用商品の売り手側の狙いや具体的な手口などについてははっきり書いて、ダメなものはダメだと明確な結論を述べました。お金の世界では、損得や良し悪しが具体的なお金で評価できますから、騙されるとはっきり損ですし、何よりも悔しいので、この点には力を入れました。この副産物として、運用ビジネス側が、投資理論（いわゆる金融工学や行動ファイナンスなど）をマーケティングに体系的に「悪用」していることが分かったので、こうした発見についても説明しました。

また、単に、考え方だけではなく、「実際に、何をどうすればいいか」を具体的に書くことを方針としました。

家計の把握の仕方、いわゆる「リスク」の具体的な扱い方、個人のアセットアロケーション（資産配分）の方法、それに株式投資のやり方などです。テーマによっては、個人でも簡単にできるような簡便法を工夫して説明したものもありますし、株式投資については、著者が実際に行った株式運用を題材にして、具体的にやり方を説明することも試みています。

お金は、それ自体が人生の目的ではありませんが、個人の自由と自立の基礎になるとても大切なものです。今や、お金の運用は、生活の基礎技術の一部と言っていいでしょう。本書で述べたような考え方をマスターしておくと、読者のこれからの人生全体にわたって役に立つことが期待されます。

著者としては、読者が、お金の運用を楽しみながら、お金をふやし、かつ理不尽な損失を被らないために、類書にはない、有効なヒントがいくつかあるのではないかと密かに自負する次第です。

二〇〇五年九月吉日

山崎　元

目次

まえがき

ルール1 分からない運用商品には手を出さない！ 13
自分で納得できないものには、決して投資しないことにしましょう

ルール2 初心者向けの金融商品などない！ 19
「初心者向けの運用商品」なんてどこにもない、と割り切るとさっぱりします

ルール3 「マネーのホームドクター」を疑え！ 24
特に、投資金額の判断は自分で行いましょう

ルール4 お金について自分が他人と違うことを認めよう！ 29
「自分と他人とは違うのだ」と理解してからお金の運用を考えることが大切です

ルール5 若いうちは「稼ぐ能力」を鍛えよう！ 35
「自分への投資」も立派な投資なのだと考えましょう

ルール6 リアルかつシンプルに家計を分析しよう！ 40
投資する前に、あなたの家計の状態を点検しましょう

ルール7 使用目的別の運用はムダ！ 50
お金に色はついていないのですから、使用目的別の資金運用は卒業しましょう
ルール8 ギャンブル依存症について知っておこう！ 55
借金をしてまで投資していて、投資のことが頭から離れなくなったら要注意です
ルール9 投資のリスクを見積もるくせをつけよう！ 60
大まかではあっても、あなたの運用のリスクを把握しましょう
ルール10 長期投資でもリスクは減らない！ 65
長期投資でリスクが減るという説明は間違いです
ルール11 資産配分を決める簡単な方法を覚えよう！ 71
まずリスクの上限を決めて、その範囲内で好ましい組み合わせを選択する
ルール12 ドルコスト平均法を信じすぎるな！ 81
ドルコスト平均法は有利でも不利でもないが、リスクの集中に注意が必要
ルール13 デフレ・インフレと投資法を正しく理解！ 87
デフレ・インフレで得な投資方法は一応知っておいて、過信しないことが大切
ルール14 経済パニック論の真意を見抜け！ 92
パニックの意味と可能性をよく考え、不利な商品やサービスに引っかからない

ことが肝心です

ルール15 ベンチマークが分かると運用が分かる！ 105
ベンチマークの考え方と使い方をマスターしましょう

ルール16 株価指数を知りパッシブ運用に注意しよう！ 110
パッシブ運用は分かりやすさと低コストが長所ですが、株価指数自体の変化に注意が必要です

ルール17 外貨投資は立派な〝投機〟です！ 116
為替リスクは「投機のリスク」なのだ、と認識しておきましょう

ルール18 不動産の投資価値を正視しよう！ 121
不動産についてもリスクとリターンをシビアに考えましょう

ルール19 生命保険はできるだけ節約しよう！ 130
できるだけ生命保険に加入しないこと。本当に必要な保険にだけ泣く泣く加入する

ルール20 新種の投資商品はお金の流れとコストに注目！ 136
アイドル・ファンド的な投資対象ではお金の保管・用途・分配と手数料を考えましょう

ルール21 返済に勝る運用なし！ 142
ローン返済よりも有利な投資はまずありません。ローン返済を優先しましょう
ルール22 コストは〝確実な〟マイナスだ！ 147
あやふやな期待リターンよりも、確実なコストに対してシビアになろう
ルール23 まずリスク、次にコストのチェックを！ 152
運用商品の選択は、一にリスク、二にコスト、三、四がなくて五に好き嫌い！
ルール24 投資に必勝法はない！ 159
必勝法が役に立たない理由が分かると投資への理解が深まります
ルール25 テクニカル分析は役に立たない！ 165
テクニカル分析は少なくとも単独では役に立ちません
ルール26 売買は合理的に！ 170
売り買いに関する俗説に注意して、合理的に割り切って考えよう
ルール27 あなたとプロの条件は五分五分！ 175
投資の世界では、今やプロとアマチュアに条件の差はほとんどありません
ルール28 株は予想の変化とPERの二つでOK！ 181

ルール29 ポートフォリオは三銘柄から徐々に育てる！ 198
株式投資は高級な楽しみ。銘柄評価の基本は予想利益の変化とPERの二つ
まずは三銘柄から、「ポートフォリオ」を徐々に育てていきましょう

ルール30 投資の理論を敵に回さない！ 204
投資理論を応用したマーケティングに騙されないようにしましょう

付録 個人投資家・山崎元のスローな株式投資 224

あとがき 243

補足 理屈っぽいあなたのための理論的解説 250

ルール1

分からない運用商品には手を出さない！

自分で納得できないものには、決して投資しないことにしましょう今、運用商品を買おうと思っている方はちょっと待ってください。

あなたは、投資しようとしている商品の内容を、他人に完全に説明することができるでしょうか？　特に、その運用商品をあなたが買うことによって、売り手（販売会社と運用会社）は一体いくら儲けることになるのかを、完全に把握していらっしゃるでしょうか。「『完全』な説明はむずかしい」とお感じだとしたら、自分で完全に分かっていないものに、どうして大切なお金を投じるのでしょうか。

何はともあれ、「自分だけで」かつ「完全に」説明できないものには投資しないという固い決意を持つことが大切です。金額の大小を問わず、お金の運用にあたって、**この決意は今後しばしばあなたを守るはずです。**

昔から、運用の世界には、一見うまそうでいて実は危険な、あやしい儲け話がたくさんありました。加えて、金融に関するテクノロジーが発達してきた上に、規制緩和が進んだこともあって、近年複雑な仕組みの運用商品が増えています。しかも、複雑な新商品の多くは、顧客のお金の運用のための合理的なニーズを反映したものではなく、単に目先を変えることと、売り手側の儲けを隠すことに目的があると思われるような悪質なものです。

どのような運用商品が、不利であったり、危なかったりするのかについては、本書全体を通じてご説明しますが、投資信託も、投資型年金保険などをはじめとする生命保険も、プライベートバンクも、ヘッジファンドも、投資用マンションも、金投資も、「全て」とまでは言いませんが、「ほとんど」が顧客の側から見て投資したり契約したりするに値しないものです。銀行の預金にも「仕組み預金」と呼ばれるような顧客にとって得にならないものがあります。

たとえば、二〇〇〇年から二〇〇一年にかけて大量に販売されて、後に顧客と証券会社のトラブルが多発した、俗に「ＥＢ」（他社株転換権付き債券）と呼ばれる商品などはその典型的でした。ＥＢは、典型的には、たとえばソニーやＮＴＴドコモなど特定の銘柄の株価が一定期間（たとえば六カ月）値下がりしなければ一定の（たとえば年率八％、つまり半年で四％）のクーポンを支払う代わりに、株価が値下がりしていれば満期時点で償還金の代わりに株式を渡すという条件の付いた債券でした。つまり、株式が値下がりした場合の損を負担する代わりに、少々有利な利回りが提供される、いわゆる「デリバティブ」を使った商品です。この損得を判断するためには、クーポンと株価の値下がりリスクとを比べなければなりませんが、かなり高度な金融と数学の知識（主にオプション価格理論）が必要でした。

実際には、投資家が投資金額の数パーセントから十数パーセントに及ぶ実質的な手数料を取られているのと同等の条件設計になっているものがほとんどでした。中身が分かる人は買いたくない代物ですから、買ってしまった人が多数いたということ自体が、商品の説明不足を物語っていました。そして、この種の商品はEBばかりではありません（たとえば、生命保険には、もっとひどいものが多数あります）。

見送っても損はしない！
残念なのは売り手だけ

では、高度な金融知識がない人は必ず損をするのかというと、そんなことはありません。**「よく分からないから、止めておこう」と考え、行動する習慣**があれば、たとえば、EBの被害者にはならずに済んだはずです。

お金の世界には、「本当にうまい話」がそんなにあるはずがありませんし、もしあったとしても、それを見つけた人は自分でチャンスを生かそうとするのは、あなたを儲けさせるためではないでしょうか。わざわざ手間をかけてセールスをするのは、売り手が儲けるために決まっています。納得できない運用商品は、遠慮なく、見送りましょう。

ここで肝心なことは、**あなたがよく分からない商品への投資を見送ったとしても、**

損をするのは、儲け損なった売り手の側であって、あなたではないということです。

銀行預金から、投資信託、生命保険にいたるまで、運用商品はすべてプロどうしの取引によって価格が決まるマーケットで得られる収益（リターン）を、売り手と顧客で分け合う構造です。つまり、売り手側がいったいいくら儲けているのかが分からないならば、その運用商品について必要な理解をしたことにはなりません。もちろん、売り手の儲けは、買い手の損です（売り手はわざわざ教えてくれませんが）。

したがって、売り手が損をするような商品設計になっていない限り（つまり計算間違えでもしていない限り）、運用商品のセールスを断っても、その瞬間は、買い手の損にはなっていないはずなのです。

投資はあくまで「自己責任」が原則。

相談するなら売り手側ではなく、中立な立場の人に

それでは、よく分かっている他人に判断を仰ぐことはいいことでしょうか。

まず、その他人が証券会社のセールスマンや生命保険会社のセールスレディーのように、**あなたが商品を買うことによって利益を得る相手の場合**、相談する際には注意が必要です。一般論としては、**赤頭巾ちゃんがオオカミに道を聞くくらい危険なこと**

だといっていいでしょう。相手はプロなので、ウソを言わずに印象を操作するテクニックに長《た》けています。

中立な立場の人に相談することは、売り手側の人に相談するよりは、はるかに安心です。良心的で確かな知識を持ったアドバイザーはぜひ大切にしましょう。たとえば、金融機関と一切利害関係のない（ここが肝心です）ファイナンシャル・プランナーがいれば理想的です。ただし、この場合にも、自分で判断できるように理解をサポートしてもらい、**自分の投資に関する判断はあくまでも自分で行うことを原則とするべきです**。運用の世界は否応なく「自己責任」が原則です。わけが分からずに物事を決めて泣き寝入りするような自己責任ではなく、本人が納得した上で決めたことの結果を朗らかに受け入れるような自己責任でありたいものです。

「なんだか大変だな」とお思いでしょうか。でも、ご安心下さい！　本書でご説明するような、いくつかの簡単なコツと考え方を理解すれば、大切なお金を自分の判断で運用するのは、そんなに難しいことではありません。

著者がおそれるのは、その前に読者が、よく分からない運用商品を買って損をすることなのです。まずは、「分からない運用商品には手を出さない！」と決めて、続きを読んでくださるよう、心よりお願い申し上げます。

ルール2

初心者向けの金融商品などない！

「初心者向けの運用商品」なんてどこにもない、と割り切るとさっぱりしますマネー雑誌はもちろん、最近では一般向けの雑誌も、しばしば、投資の初心者向けと称するお金の特集を組みます。こうした特集の取材で、「特に投資の初心者に向いている運用商品を教えて下さい」とか「ビギナー（初心者）向けのファンド（投資信託）を三本あげてください」といった質問を受けることが、筆者もときどきあるのですが、こうした質問には少なからぬ違和感を覚えます。

本書もそうした試みの一つなのですが、投資の初心者に向けた情報提供はたいへん重要だと思います。しかし「初心者向きの商品」というものがある、という考え方は怪しいと思います。**そもそも、「初心者向けの運用商品」がある、という考え方は、運用商品の売り手側が演出するフィクションなのではないでしょうか。**

個別の株式でも、投資信託でも、同じ投資対象を同じ時に保有する限り、ビギナーが買おうとベテランが買おうと結果（投資の収益率）は同じなのが投資の世界です。この点は、スポーツカーやカメラのように使い手によって性能が変わるような商品と、運用商品では大いに性質が異なります。

ある意味では、運用の世界は非常に平等なのですが、同時にプロと全くの初心者が対等の条件で勝負をしなければならない厳しい世界だともいえます。余談ですが、これは、運用のプロにとっても厳しい話で、どんなに知識と経験が豊富なファンドマネジャーといえども、「運のいい素人」には結果でかなわない辛い世界でもあります。

それに、たとえ初心者だからといって、たとえば手数料の高い商品を甘んじて買うことは不本意でしょう。「損をすると悔しい！」という心理には、経験の多い少ないは関係ないのではないでしょうか。

「自分は初心者だから」という甘えを自分に許すことで、売り手に対する依頼心や、自分が親切にされるのは当然だといった心のスキができることがあります。気がつくと、すっかり売り手側のペースにはまり、売り手にとって有利な商品を買わされることがしばしばあるのです。

運用商品は買い急がず、「深く理解した相手」とだけつき合おう

さて、初心者向けと称する特集記事で、実際に入門に向いているとして紹介される典型的な運用商品は、たとえば株式と債券が両方入っている投資信託（「バランス・ファンド」と呼びます）や、その比率を自動的に調節してくれるような商品です。また、外国資産が多少入っている商品なども、外国コンプレックスのある初心者や日本悲観論者には受けるようです。いずれも、つまるところ、ほどほどの大きさのリスク

だというのが推奨理由のようですが、「はじめの一本に最適です」などと巧みに勧める怪しい専門家のコメントが一緒に載っていたりもします。

しかし、この種の商品は、実は、少しも初心者向けではありません。まず、この種の商品は、どのような内容になっていて、どのくらいのリスクがあるものなのかを把握することが困難です。正直なところ、初心者には無理でしょう。

ここで考えて欲しいのは、たとえば、株式が「五〇％前後で適宜変動」という商品を一〇〇万円買うよりも、株式だけで運用される商品を五〇万円だけ自分で買う方が、はるかに投資の内容とリスクを把握しやすいことです。つまり、**リスクを抑えたいという意図があるなら、リスクのある対象に投資する金額を絞り込むことが、最も単純で確実な方法です。お金を無理に使い切る必要はありません**（しかし、売り手側は、顧客が使えるお金をすべて投資させようとします）。

また、ほとんどの場合で、「株式と債券を五〇％ずつ」というバランス・ファンドよりも、「株式だけのファンドを五〇％と債券や預金を五〇％」という組み合わせの方が、支払う手数料が安くなります。

運用商品はいつでも売っているので、買い急ぐことはありません。十分に理解してから買えばいいのです。また、**シンプルで、手数料が安く、内容のはっきりしたもの**

に、必要な金額だけ投資することが肝要です。

「深く理解した相手とだけつき合う」という感じでいいと思います。

ルール3

「マネーのホームドクター」を疑え！

特に、投資金額の判断は
自分で行いましょう

「命の次にお金が大切」とまでは言わなくとも、誰でもお金は大切です。命に関わる体の問題も、お金の問題も、分からないことや不確実なことが多いので、信頼できる専門家に相談したいという気持ちを持つのは、誰にとっても自然なことでしょう。こういう心理があるせいか、お金のアドバイスをする人は、しばしば「マネーのホームドクター」を名乗ります。

自称「マネーのホームドクター」は、金融機関に勤めていて窓口で顧客の相手をすることもありますし、ファイナンシャル・プランナーや税理士などの肩書きを持っていて、保険の見直しやお金の運用の相談に応じることもあります。彼らを頼りにしてみたい気持ちは分かるのですが、果たして、医者に体を見せるように、懐具合を見てもらっていいものなのでしょうか。

答えは「ノー」です。特に、**「今、五〇〇万円あるのですが、何で運用したらいいでしょうか？」という調子で手の内をさらしてはいけません。**

たとえば金融機関の窓口で相談に応じてくれる財産コンサルタントであれば、顧客が仮に大きなリスクを取りたくない場合には、中くらいのリスクと称する商品を五〇〇万円勧めることになるでしょう。たとえば、株式が三割程度入ったバランス型の投資信託や個人年金保険、あるいは外貨預金などを勧められる可能性があります。しかし、たとえば、株式のリスクが五〇〇万円に対して三割が適当なら、一五〇万円分、自分で株式を買うなり株式ファンドを買うなりして、残りの三五〇万円は個人向け国債でも買っておく方が、五〇〇万円全体についてみると同様の効果で、手数料がずっと安くなるので、つまりははっきりと勝った運用が出来ます。

前のルールでも述べたように、リスクの大きさは投資金額の増減でコントロールするのが一番確実なのですが、この点には気がつきにくいし、最初に五〇〇万円あると相手に言ってしまうと、五〇〇万円使わなければならないような気がしてしまいます。投資金額は他人に明かさず、自分で決めることが肝心なのです。従って、特に金融機関のアドバイザーには、運用計画の考え方や運用商品に関する知識を教えてもらうなら構いませんが、手の内をすっかり見せて相談するという形は感心しません。

医療でいえば「セカンドオピニオン」と「医薬分業」がポイント

ファイナンシャル・プランナーなど、一見独立して見えるアドバイザーも、生命保険の代理店を併営していたり、最近では証券仲介業（投資信託などの手数料の半分位が手に入るようです）の登録をしていたりすることがあります。後者の場合は、アドバイザー個人の持つ利害関係はほとんど証券会社の社員と同じです。

生命保険の場合は、目先の保険料の安さに釣られて保険を乗り換えたり転換したりする人が少なくありません。しかし、転換の場合には過去の保険の積み立て部分を次期の保険料の割引に当てているから見かけ上安く見えるだけの場合もありますし、新しい契約には一定期間後に保険料が上がるような仕組みのものがあります。また、保険の予定利率が下がることも多く、いずれの場合も、営業費見合いの大きな手数料（支払う保険料の最初の二年分は大半がこの手数料）を再び支払うことになるので、新規の保険を契約して得になることはまずあり得ません。こうした場合、保険の代理店を併営しているアドバイザーに頼むと、自称「ホームドクター」が製薬会社の回し者的な役割を果たすことがあります。

いずれも医師の世界がヒントになりますが、「マネーのホームドクター」の利用法にはポイントが二つあります。

一つは、医療の世界で主治医以外の病院で診て貰って意見を求める「**セカンドオピニオン**」**の利用、すなわち複数のアドバイスの比較検討**です。利害関係の異なるアドバイザーに意見を求めて、自分で納得の行く結論が出るまで考えてみましょう。

もう一つは、アドバイザーの紹介する商品を決してアドバイザーを通して求めないという**「医薬分業」（処方箋を貰って病院の外の薬局で薬を買う形）の徹底**であり、アドバイスと商品購入を分離することです。アドバイザーの扱っている商品を購入しないのは、何となく申し訳ない感じがするかも知れませんが、あらかじめそのように言っておくことと、アドバイス自体に対する謝礼をきっちり支払うことが重要です。日本では、情報にお金を支払わないことが多いのですが、そろそろ独立した立場から客観的にアドバイスしてくれるアドバイザーの価値を認識すべきでしょう。特にお金持ちには重要な心得です。金融機関その他に対して、「私はお客さんなのだから、大切にされていいアドバイスを貰って当然だ」という**「お客さん意識」を早く捨てるべきです。**

また、金融機関の場合、総合病院よろしく「何でもウチで間に合います」とばかりに「マネーのワンストップ・ショップ」などと自称するケースもありますが、商売上の意図は、セカンドオピニオンを封じるところに意図があると見ていいでしょうし、顧客を囲い込んで顧客の資産全体を自社の窓口の顧客にしようとしていると考えていいでしょう。

運用計画を自分で立てて、計画を実現する「部品」として、ベストの商品を幅広く選ぶ、というのが、資産運用の本来の手順です。

ルール4

お金について自分が他人と違うことを認めよう！

「自分と他人とは違うのだ」と理解してから
お金の運用を考えることが大切です

あなたは自分や他人の年齢が気になりますか？　資産運用の世界でも、しきりに年齢を気にする人がいます。たとえば、アメリカでは、しばしば「一〇〇から自分の年齢を引いた比率（％）で株式を持て」といったアドバイスをするようです（これは正しいアドバイスではありませんが）。日本では、求人広告に堂々と年齢制限が出ていますし（差別の一種ですね）、会社の中でも年次や年齢に関する意識が強いので、運用を年齢と関連づける意識はもっと強いかも知れません。確かに、年齢もマネー・プランを考える際に大事な要素ですが、もっと重要な要素がたくさんあります。

たとえば、「①同じ会社に勤めていて、②入社年次が同期で、③収入も同じ、④貯金の額にも大差がない、⑤同年齢の男性」が二人いたとしても、思いつくだけで以下のような要因があります。

まず、将来の「稼ぎ」の見込みです。日本の雇用と報酬のシステムは急速に変化しつつあります。**同じ会社の同期といえども、今後は年収に大きな差がつく**ようになるでしょう。サラリーマンは体が資本というくらいですから、**健康状態の差も重要です。**もちろん、仕事がデキル人物かそうでない人物かということもあるでしょう。

これまでとこれからの運による差も大きいでしょう。「これからの運」を今考えることができるのか、といぶかる読者もいらっしゃるでしょうが、「運」と呼ばれているものの中には、実はある種固定的な能力差が含まれていることは読者もうすうす感づいていらっしゃるでしょう。

余談ですが、能力の差を認めたくないとき、人はしばしばそれを運のせいにします。通常はそういうことなのですが、運用の世界では、実は運が良かったとしか言いようのない結果を、能力によるものだと思い込んだり、そう言い張って売り込んだりするのは面白い現象です。

「支出」の面でも大きな差があります。独身か妻帯者かということも含めて家族構成や今後の家族計画によって、将来の支出は大きく変化しますし、住宅に関する支出は家計によって大きな差があります。将来相続するかも知れない財産の見込みでも大きな差がつきます。

さらに、「資産」と「負債」の差があります。持ち家なのか、借家住まいなのか、住宅ローンはあるのかないのか、といった要因で経済的な条件はまるで違います。

そして、経済的な条件の差のほかに、「性格」の差も無視できません。

もちろん、男性ではなく女性のケースであっても、お金に関する基本的な条件が、現在及び今後の暮らし方によって、各種の予定のあるなしも含めて、非常に大きな差があることは想像できると思います。

とれるリスクの大きさと、借金があるかないかで運用の方法はまったく違う

資産運用を考える際に、個人の経済的条件の差に気をつける必要がある理由が大まかに二つあります。**一つは、資産運用で負うことができるリスクの大きさに、大きな個人差があることです。そしてもう一つは、借金の有無によって有利な運用手段が変化すること、つまり借金の返済が最も有利な運用手段になることが多いことです。**

特に、個人が運用で負うことができるリスクについて把握することは決定的に重要です。しかし、運用商品を販売する側では、個々の投資家に応じた分析や説明をする能力がない場合や、あるいは手間を惜しむ場合もあり、年齢や運用期間などに応じた「お任せ型」のパッケージ商品を簡単に売り込もうとする傾向があります。

「ライフサイクル型」[1]と称する商品や「ファンド・オブ・ファンズ」[2]といった商品が典型的ですが、こうした商品は、実は投資家にとって損なものの場合が多く、投資家の事情に応じた分析や説明といった売り手の手間を省くことが目的になっています。

売り手側では、セールス担当者が十分な説明能力を持っていないこともありますし、あるいは説明の手間を省くためにこうした商品を提供しているという事情がある

ようです。

確定拠出年金や銀行窓口での投資信託販売などで、しばしば、この種の「お任せ商品」を売ろうとする傾向があります。本来行うべき投資家へのアドバイスを放棄して、簡単に商品を売りつけようとする姿勢は商売のあり方として「卑しい」と筆者は思います。売り手の金融機関、運用会社などには販売方針の再考を求めたいと思います。投資家はシンプルな商品を自分で組み合わせる、売り手は投資家が商品を組み合わせられるようにサポートする、というのが本来の姿であるべきでしょう。

自らを単純にパターン化してこの種の安易な商品に投資することがないように注意しましょう。特に、確定拠出年金を利用されている方は気をつけて下さい。

1「**ライフサイクル型ファンド**」　年齢やリスクのタイプに合わせて資産配分を決めるタイプの運用商品を指します。年齢や運用期間に合わせて自動的に資産配分を変えるものや、タイプ別の商品を複数用意して顧客に選ばせるものなど様々です。確定拠出年金の運用商品として提供されがちですが、単純なパターン化が有害であることと、内容に比して手数料が割高になる傾向から著者はお勧めしません。

2「**ファンド・オブ・ファンズ**」　一つのファンドの資金を複数のファンドに投資する形で編成され

た投資信託などを指します。一つの商品でリスク分散ができることを売り込むようですが、個々のファンドの内容を知った上で投資家が分散投資するのが本来の姿です。投資家から見て中身が把握しにくく、かつ手数料が高いものが多いので、これもお勧めしません。

ルール5

若いうちは「稼ぐ能力」を鍛えよう!

「自分への投資」も
立派な投資なのだと考えましょう

よほどの資産家の場合を除くと、生涯の収入の大半は自分自身が働いて稼ぐ報酬だろうと思います。収入が増えると、資産運用の利回りが向上したのと同じ効果が得られますし、おそらく多くの人にとって、収入を増やす（または維持する）ことの効果の方がお金の運用を改善して得られる効果よりも大きいでしょう。

マネー・プランを全体として考えると、自分自身の稼ぐ能力を増加させることの重要性が分かります。ところで、この**「稼ぐ能力」増強のためには、**まず何よりも具体的な業務の経験が有効ですが、英会話学校や大学院といった学習が効果的な場合もあれば、何らかの資格が必要な場合もあります。時間や費用といった「コスト」がかかりますし、その効果が表れるのは将来であり、不確実性があります。この努力はお金の投資によく似ており、投資の考え方をあてはめて考えることが有効です。

もう一歩進めて考えると、「稼ぐ能力」を持った自分自身が、ある種の「資産」でもあります。経済学の世界には「人的資本」（ヒューマン・キャピタル）という概念もあります。正確な把握は困難ですが、自分の経済的価値を株価のように考えることが可能です。

つまり、金融資産や不動産といったいわゆる資産と一緒に、**「自分という資産」も同時に運用しているのだ**という理解が可能です。実は、若い頃にあって金融資産に占めるリスク資産の割合が大きくてもいいことが多いのは（もちろん大きな個人差がありますが）、若者は人的資本の価値が潤沢にあるからなのです。

多くの場合、こうした広義の資産価値の最大化にあたって最も有効なのは、自分自身の価値を高めること、いわば「自分の株価」を上げること、そして現実に稼ぐことです。

本書は、人生全体のガイドブックを意図するものではないので、かいつまんで説明しましょう。

自分自身の株価を上げる、あるいは維持するために有効なのは、自分が自分自身（の仕事）という商品を売るビジネスの経営者なのだ、と考えて、自分の経営計画を立てて実行することです。筆者でいえば、自分は「山崎商店」を経営しているのだという感覚です。学校に通うことや新しい仕事を覚えることは会社でいえば「製品開発」に相当するかも知れませんし、その間の費用や時間は「開発投資」に相当します。仕事の能力が身につけば、自分の仕事を買ってもらうための「営業」が必要なこともあるでしょう。自分の商品（＝自分の仕事）に対する需要の読みやマーケティング戦略が大切です。

買い手のニーズに合わせて商品をバージョンアップすることも必要でしょう。たとえば、外国語の能力をアップさせれば外資系の企業も含めて買い手が増えるし、自分の仕事をより高く売るチャンスが拡大することがある、といった具合に、現状を把握しつつ、今後の改善を計画して、実行していきましょう。

しかし、残念ながら、**人生の時間は有限なので「自分の株価」は、年齢とともに下落する傾向を持っています**。自分の株価が下がる老後には、資産の価値が増えているという、自分とお金の二人三脚のような関係が構築できると理想的です。

また、たとえば、同じレベルの仕事のスキルを持った三三歳と三七歳では、前者の方が将来の稼ぎが大きい分「自分の株価」が高いでしょうし、今や転職市場で決まる年収でも、前者の方が高くなってもおかしくありません。一般には、**「自分の株価」の維持には相当の努力が必要**だということです。

年齢が上がっても
自分の株価をアップする方法はある

「自分への投資」は若い頃の方が有効なものもありますが、年齢が上がっても可能です。もちろん、**仕事の能力の向上も可能ですし、健康の改善も「自分の株価」を改善します**。健康に働ける期間を伸ばすことは、自分の株価の向上につながります。マネー・プランについて考える以上、資産としての自分自身の価値への着目と、その向上のための努力、つまり「**自分への投資**」にも目を向けることが大切です。

ところで、自分の本業の重要性を強調するあまり、狭義の投資に時間と関心を取られることに否定的な「若いときから金《カネ》のことを考えるな」といった意見もありますが、これには疑問を感じます。あくまでも総合的に考えることが重要なのです。また、筆者の見るところ、投資について学ぶ暇もないというほど忙しい人はめったにいないように思えます。「忙しい」と言っている人は、多くの場合、そう言うことが好きなだけです。

ルール6

リアルかつシンプルに家計を分析しよう！

投資する前に、
あなたの家計の状態を点検しましょう

マネー運用の本を読むと、人生計画を考えることと資産運用が密接に関係するとしばしば強調されているのですが、では具体的にどうすればいいかをスッキリと書いたものがなかなか見あたりません。

よくあるのは、将来のお金の出入りの数字を費目毎に埋めてゆく「キャッシュフロー表」と呼ばれるようなものですが、数字をたくさん入れる必要があって相当に煩雑です。将来の収入は不確かですし、支出もその時の事情で変化しますから、正確に書けるものではありません。また、それぞれのキャッシュフローの不確実性がバラバラなので、これをいくら眺めていても、「現在いくらの運用リスクを取ることが出来るか」という肝心のポイントが分かりません。悪くすると、運用資金を支出の目的別に区切ってしまい、それぞれに運用商品をあてはめるような、非効率的な運用計画にはまってしまいます。将来のお金のやりくりをイメージするには有益であっても、この種の表をお金の運用計画のベースにするのは不十分です。

そこで、簡単な家計の自己点検プロセスを提案してみたいと思います。

まず、ご自分の家計に関する数字を六つほど集めて下さい。数字はそれほど厳密でなくても結構です。**状況を大まかに摑むことができれば十分です。**

用意する数字は、(A)**金融資産、**(B)**実物資産、**(C)**短期負債、**(D)**長期負債、それに**(X)**年**

間収入、⒴年間支出、のたった六つで結構です。現状について正直に、メモ用紙にでも書いてみて下さい。

「金融資産」は、現金・預金・株式・投資信託など簡単に（数日で）換金できるものの合計額です。「実物資産」は、主に不動産、高い車をお持ちの場合は自動車が含まれるでしょうが、取得価格ではなくて、現状で売れる価格を正直に書いて下さい。企業も個人も意思決定のための現状把握は「時価評価」が大原則です。

「短期負債」はカードローンなどの残高で、はっきり言ってこれはゼロが望ましい。

「長期負債」は住宅ローンあるいは自動車ローンなどでしょう。まずは名目のローン残高で結構ですが、厳密には、これも時価評価しなければならないので、多くの場合名目上の残高よりも大きなものになることを覚えておいて下さい（借金は損なものですね）。「収入」、「支出」は税引き後の現実に近い数字をこれも正直に書いて下さい。

これらの数字を、図1のような形に書いてみて下さい。ついでに、（A＋B）から（C＋D）を引いてⒺ**自己資本**を計算し、XからYを差し引いてⓏ**年間余裕額**を求めて下さい。

これで家計版の簡易バランスシートと損益計算書が出来ました。「自己資本」は企業なら株主資本、つまりストックのレベルの余裕でありプラス額、「年間余裕額」は

図1　家計のバランスシートと損益計算書

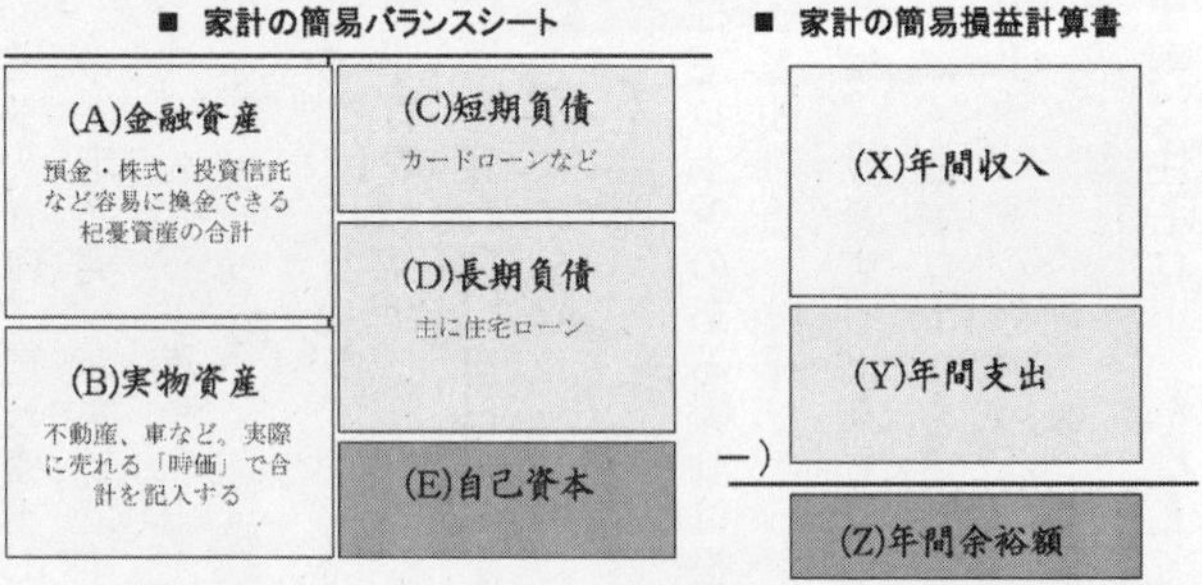

企業なら利益、つまりフローのレベルの余裕額を表します。企業でも遠い将来の収入・支出が不確実なのは家計と同じですが、バランスシートや損益計算書を見て、どの程度の運用リスクに耐えうるかを考えながら資金運用を行います。家計の場合も、基本は一緒です。

家計のパターンを知って問題点を把握しておこう

この程度の簡単な分析でも、家計について、いろいろな問題点を見つけることが出来ます。

まず**短期負債が金融資産を上回る（C＞A）家計は、いずれも対策を要します。**カードローンなどの借金の利率は、株式など通常の運用の期待収益率を上回るので、早急に借金を返すことが重要であり、売却できる実物資産(B)があれば売却を検討してもいいでしょう。

さらに住宅ローンが加わって、かつ住宅が値下がりしているケースは、自己資本(E)がマイナス（債務超過）になっており、**家計の「再建計画」**の策定と実行が必要です。ともかくローンを減らすことを最優先に考えなければなりませんが、共稼ぎにして年間収入(X)を増やすとか、生活を切りつめて年間支出(Y)を抑えるといったことも考えなければならないでしょう。「たぶん将来稼げるから、大丈夫だろう」という甘い考えは禁物です。

短期負債が存在しなくても、住宅ローンが大きくて差し引きの自己資本(E)がマイナスになる家計や、自己資本がぎりぎりプラスでも、住宅ローンが残っているような家計は、リスクを取った運用には向きません（詳しくはルール21「返済にまさる運用なし！」を参照）。

住宅ローンのある家計は投資（たとえば株式投資）に向かない、と言い切ってしまうと、日本では投資できる家計が大幅に減ってしまいそうですが、まとまったお金があれば、投資するよりもローンを返済する方が、有利であり同時に健全なのです。たとえば、住宅ローンを借りている銀行で、ボーナス時などに投資信託や投資型年金保険のようなものを勧めることがあるとすれば、その銀行員は顧客にとって悪魔のような存在です。

現実に住宅ローンを抱えている人が多く、また住宅ローンをはじめとする個人向け

図2　リスク資産への投資には適さない家計のパターン

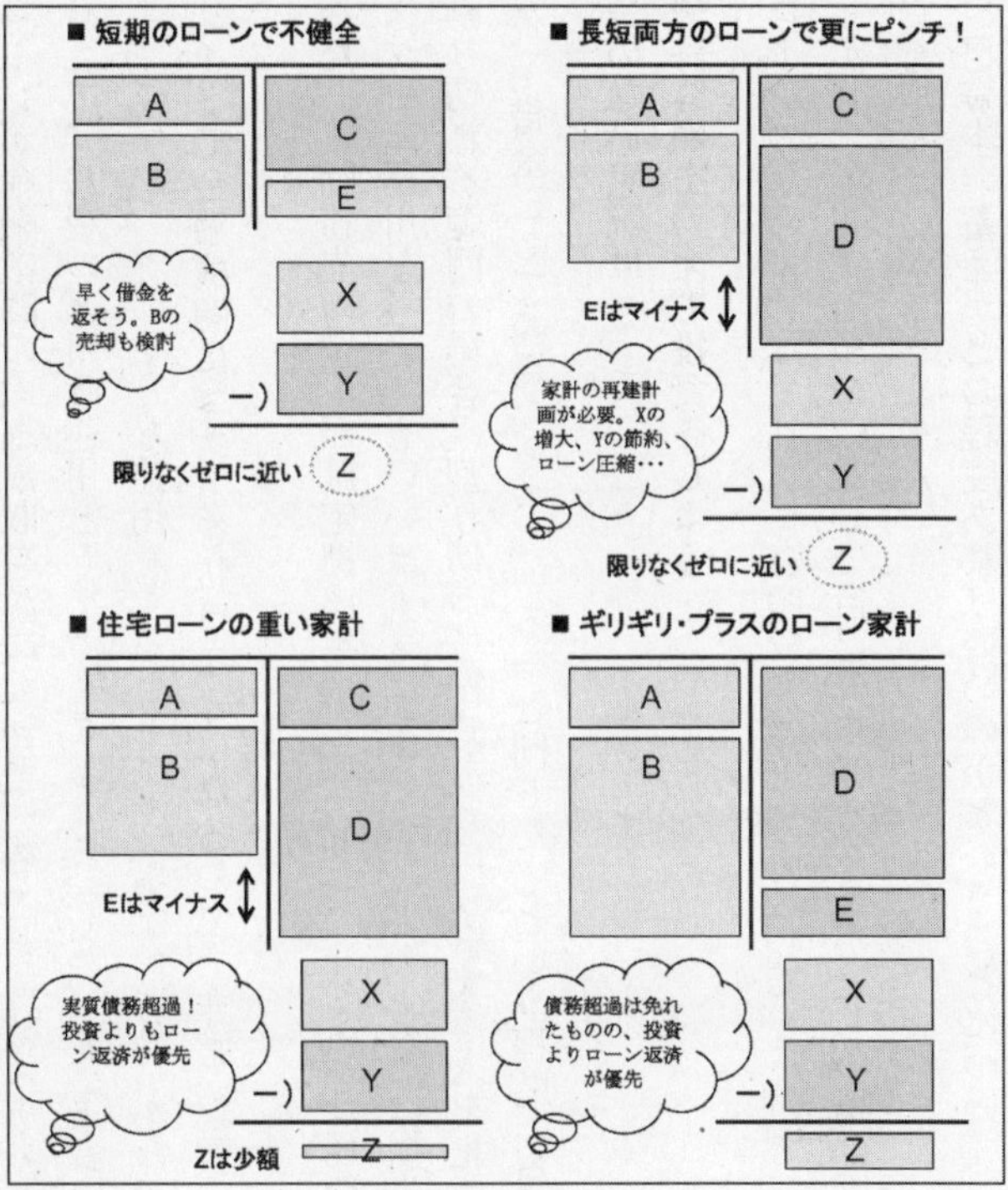
■ 短期のローンで不健全
A
B
C
E
X
Y
ー)
限りなくゼロに近い
Z
早く借金を返そう。Bの売却も検討
■ 長短両方のローンで更にピンチ！
A
B
C
D
Eはマイナス
X
Y
ー)
限りなくゼロに近い
Z
家計の再建計画が必要。Xの増大、Yの節約、ローン圧縮・・・
■ 住宅ローンの重い家計
A
B
C
D
Eはマイナス
X
Y
ー)
Zは少額
Z
実質債務超過！投資よりもローン返済が優先
■ ギリギリ・プラスのローン家計
A
B
D
E
X
Y
ー)
Z
債務超過は免れたものの、投資よりローン返済が優先

のローンが金融機関の大きな収益源になっていることもあってか、「住宅ローンは別に考えて、お金の運用は運用として考えましょう」といった手合いのアドバイスもあるようですが、そのような運用をするとリスクが過大になりがちですし、**資産・負債両サイドで金融機関にコストを払うことになる**ので、非常に割の悪い状態に陥ります。

ただし、勤務先の企業が確定拠出年金を導入しているような場合には、ある程度のリスク資産運用を考えてもいいケースはあるでしょう。あとは損失額が完全に娯楽費と割り切れる範囲の場合、割り切って株式などに投資する人を止めようとは思いませんが、「借金をして競馬をやっているのと同じだ」という程度の自己認識は必要です。

借金のない家計は損失許容額を考えて投資をしよう

ローンのない家計は、リスク資産での運用を検討してもいいでしょう。

しかし、年間支出額(Y)に対して自己資本(E)の蓄えが乏しい場合は、あまり大きなリスクを取ることができません。

自己資本の蓄えがどの程度あればいいのかということについては、一律に機械的に決めることはできませんが、**通常の収入のある家計の場合、自己資本が年間支出額の二倍から三倍あって、かつこれが金融資産でカバーされていれば、ある程度安心な家計と見ていいでしょう。**ただし、安定的にプラスの年間余裕額が必要です。支出が収入を上回って、年間余裕額がマイナスの場合は、大きな余裕がないと心配です。

一方、大きな支出の予定のない高齢者の家計のような場合には、自己資本の大きさが十分にあれば、年間余裕額がマイナスであっても大丈夫でしょう。

家計を安全にする自己資本を早急に蓄えることは非常に効果的です。日本の多くの家計で家に次ぐ大きな支出項目は生命保険ですが（どちらも買い手側にとって大きな率で損な商品です）、**ある程度の備えを持てば、生命保険にお金をかけずに済みます。**あとで触れますが、生命保険は一般に「なるべく入らずに済ませたいもの」なのです。

いずれにしても、**自己資本(E)、年間余裕額(Z)、年間支出(Y)、それに個々の家計の事情を考えて、「金融資産運用で一年間に損しても問題のない上限額」を考えることが重要です。**

若いサラリーマンの家計はローンもないかわりに、大きな資産もない、という家計が多いでしょう。こうした家計はどう考えるべきでしょうか。厳しいアドバイスが書いてある本では、年収ないし支出の二年分の蓄えがなければ、リスクを取った運用はダメと書いてあることがありますが、筆者はそこまでストイックに考えなくてもいいと思っています。「人的資本」が豊かで健康も安定していることが多いので、たとえば一年間の損失上限を年間余裕額(Z)よりも十分小さく抑えておけば、株式などで運用しても構わないと思います。将来、もう少しお金を持ったときのために、運用に慣れておくことはいいことではないでしょうか。

図3 リスク資産への投資を考えてもいい家計のパターン

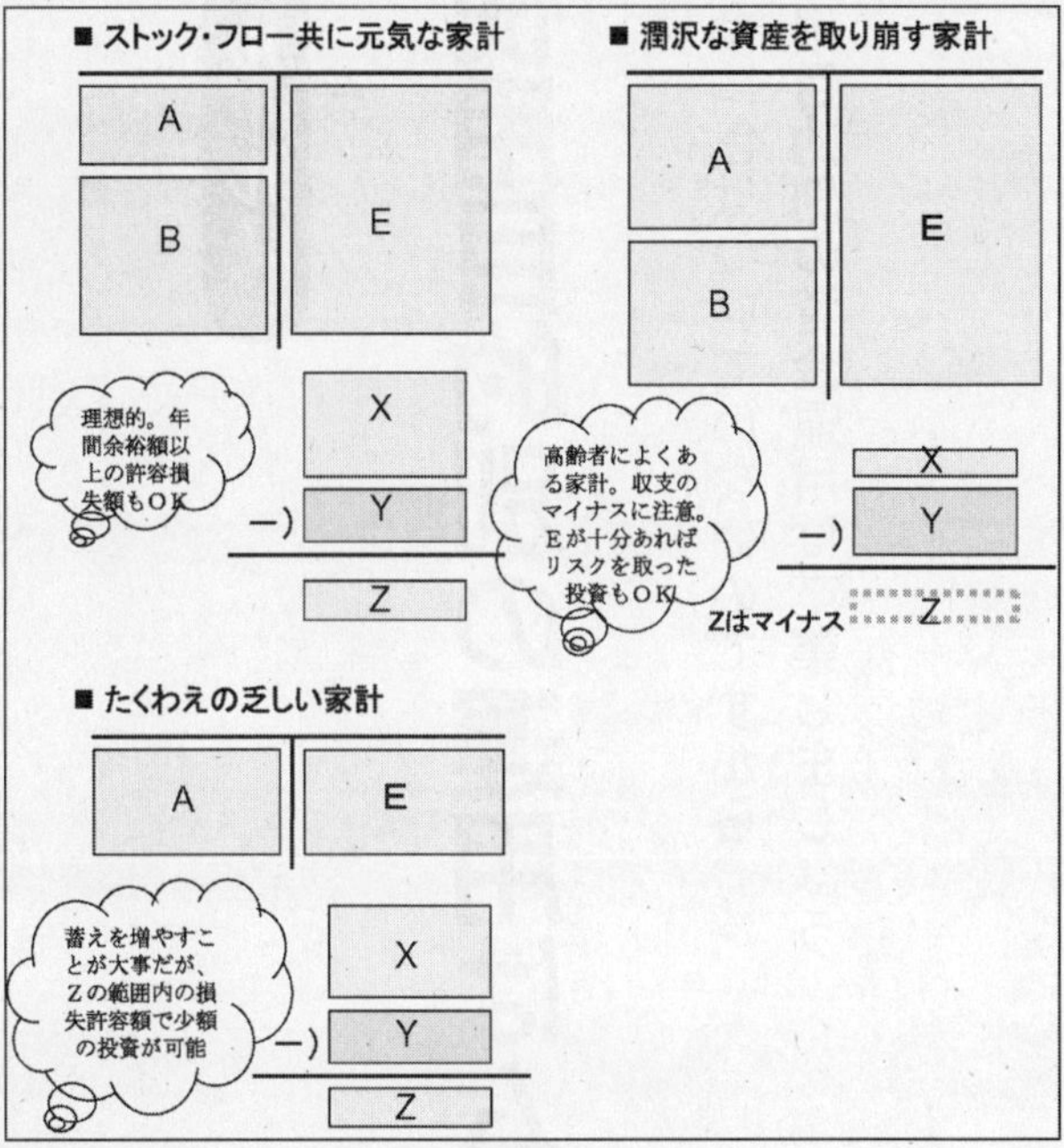
■ ストック・フロー共に元気な家計
A
B
E
理想的。年間余裕額以上の許容損失額もOK
X
—) Y
Z
■ 潤沢な資産を取り崩す家計
A
B
E
高齢者によくある家計。収支のマイナスに注意。Eが十分あればリスクを取った投資もOK
X
—) Y
Zはマイナス Z
■ たくわえの乏しい家計
A
E
蓄えを増やすことが大事だが、Zの範囲内の損失許容額で少額の投資が可能
X
—) Y
Z

ルール7

使用目的別の運用はムダ！

お金に色はついていないのですから、
使用目的別の資金運用は卒業しましょう

雑誌や新聞で、お金に関する相談のコーナーを何とはなしに見ていると、回答者はしばしば資金の使用目的が何であるかをハッキリさせることが大切だ、と強調しています。一見正しそうに思えるかも知れませんが、筆者は必ずしも正しくないと思います。意地が悪いかも知れませんが、相談コーナーの回答者は、運用全体のリスクの見積もり方や、資産配分（「アセット・アロケーション」ともいい、株式、債券、外貨資産などへの配分比率を決める作業をさす）の方法を知らないのではないだろうか、と推測したくなります。

目的別の資産運用アドバイスはたとえばこんな感じです。「結婚資金を使うのは少なくとも数年後なので、ある程度のリスクが取れるでしょう。あなたには、ミドルリスク・ミドルリターン型の××ファンドをお勧めします」、「お子さまの学費への備えには○○学資保険がいいでしょう」、「老後の生活資金の運用は運用期間が長いので、リスクをとれます……」、等々。

ハッキリいってしまいましょう。**お金に色がついているわけではないのですから、資金運用を資金の使用目的別に考える必要はありません。**重要なのは、家計全体としての適切な運用リスクの大きさを設定し管理することであり、その範囲の中で運用の効率を高めることです。百歩譲って、使用目的別の資産運用にアドバイスすることを認めるとしても、家計全体のリスク状態や運用資産の配分について目配りと具体的なアドバイスができないアドバイザーは専門家とはいえません。

もう一つ指摘しておくと、資金使途別の運用という考え方は、運用商品を提供する側が作ったニーズに、顧客側がはまってしまう危険を高めます。資金使途別のニーズというともっともらしく聞こえますが、**お金の運用のニーズとは要はお金を増やすことです。そのために取るリスクの大きさや内容はいろいろですが、増やした後の使い方は関係ありません。**

目的別運用の問題点は大きく分けると三つある

それでは、目的別に資金を分けて運用を考えると、どのような問題点があるのでしょうか。大きく分けると三つの問題があると思います。

まず、特にリスク資産（株式とか外国資産などリターンが変動するもの）が複数ある場合、**資金をいくつかに区切って別々に運用したものの合計よりも、はじめから運用資産全体について計画したものの方が、たとえば同じリスクならば、期待リターンが高くなり、運用効率が良くなります。**これは少し難しいかも知れませんが、感覚的には分かるのではないでしょうか。ただし、困ったことにプロでも理解できていないケースがあります。たとえば大手の運用会社が運用する投資信託でも、「バリュー型（割安株投資）」、「グロース型（成長株投資）」、「中小型株投資型」などと資金を分けて運用して、それを合成するような運用をするものがありますが、これは専門的には非効率的なのです。たとえていえば、福笑いを左右別々に作って合成するようなものだと申し上げておきましょう。

次に、**資金を別々に運用することによる手数料コストの無駄**があげられます。まず、投資金額あたりの手数料は、資金が少額になるほど高くなる傾向があります。つまり少額投資は不利なのです。一般の個人の運用では、資金の使用目的ごとに考えると、株式では十分な分散投資がやりにくいでしょうし、ミニ株などを使うと投資金額あたりのコストが高くなります。運用の金額はまとめる方が何かと有利です。

また個々の資金使途別に、「そこそこのリスク」を求めると、バランス型の運用商品を勧められるケースが増える可能性がありますが、バランス型の運用はコスト面でも管理面でも不利です。**一般にバランス・ファンドを勧めるアドバイザーは運用資産全体が見えていない**といっていいと思います。

加えて、資金の使用目的の多くは、将来絶対にそれだけの金額が必要というものではなく、相互に融通可能です。たとえば、子供の学資のために買ったファンドを解約できないばかりに、カードローンを利用したりするのでは、何をやっているか分かりません。**お金に色はついていない、とドライに割り切って全体を効率的に管理することが大切です。**

ルール8

ギャンブル依存症について知っておこう!

借金をしてまで投資していて、投資のことが頭から離れなくなったら要注意ですたとえば、株式投資の精神的な刺激には、カジノやパチンコなどのゲームや競馬・競輪のようなギャンブルと同質のものが確かにあります。ギャンブルの世界にしばしば見られるような「ギャンブル依存症」の問題が、株式投資や外国為替証拠金取引といった、個人の金融取引にあってもおかしくはありませんし、**現実に、相当数のギャンブル依存症的な個人投資家が存在するようです。**

ネット証券が普及して、株式投資におけるギャンブル依存症的症状の問題は、かつてよりも範囲が拡がっているはずです。また、ネット証券の一部には「無期限信用」と称するような信用取引の利用を促進するサービスも現れています。株式投資における、「ギャンブル依存症」の危険は、以前よりも大きくなっているはずです。

「依存症」と名の付くものでは「アルコール依存症」が最も有名でしょう。患者は、アルコールなしではいられませんし、しばしば正常な判断力を失っており、日常生活・社会生活に支障を来し、経済と健康の一方ないし両方が多くの場合破綻に至ります。ギャンブル依存症については、日本ではパチンコに関する研究例が多いようですが、前述のように、株式投資や外貨証拠金取引、商品先物取引などの「相場物」には似た側面があり、これらを対象とした「依存症」の知識は重要です。

なお、依存症と診断される状態は、本人だけの意志的な努力ではこれを抜け出せない状態なので、**「本人の意志が弱いからだ」というような決めつけや軽蔑を当人にぶつけることは厳に避けなければなりません。**

依存症の患者は、**本人が病気だという自覚がないことが多く**、加えて**「必要だと思えば、いつでも止められる」（実際には、必要だと思う時が依存症のゆえに先送りされる）と考えており**、多くの場合「医師に診てもらった方がいい」といったアドバイスを聞き入れませんし、悪くすると怒り出すこともあります。しかし、**ギャンブル依存症は日常生活に支障を来す立派な病気**です。

ギャンブル依存症は、たとえばアメリカの精神医学会の**「DSM－IV」と呼ばれる診断基準集**では次のように定義されています（以下、田辺等『ギャンブル依存症』（生活人新書、NHK出版）からの筆者の要約です）。

以下、「賭博」を、たとえば「株式投資」に置き換えて読んでみて下さい。

簡単に言うと、**借金をしてまで株式トレーディングに毎日のめり込んでいる状態は、ギャンブル依存症にかなり近いところにある**ということです。

なお、この種の依存症は、強いストレスにさらされていたり、仕事などで失敗して、たまたま調子の悪かったりした時期に、パチンコや株式投資などでたまたま儲かって、この刺激の心地よさがきっかけになって発症することが多いようです。ストレ

●ギャンブル依存症の診断基準（DSM—Ⅳ：1994年版）

以下の条件の５つ以上にあてはまり、「躁病（精神病の一種です）状態」でない場合。

① 賭博にとらわれている（頭から賭博のことが離れない）
② 興奮を得るためにもっと賭け金を増やしたい欲求がある
③ 賭博を止めようとしてうまくいかなかったことがある
④ 賭博を減らしたり止めたりすると落ち着かなかったりイライラしたりする
⑤ 嫌なことの気晴らしとして賭博が有効だと感じる
⑥ 賭博で負けた後で、これを取り戻そうとして再び参加したことがある
⑦ 賭博癖を隠すために身近な人に嘘をついたことがある
⑧ 賭博の資金を得るために非合法的な手段に手を染めたことがある
⑨ 賭博のために重要な人間関係を失ったことがある
⑩ 賭博の結果お金を失って他人に借金を申し入れたことがある

スの多い今日、多くの人が日常的にこうした危険にさらされています。

ギャンブル依存症は立派な病気なので、その処置は専門医に任せるのが基本です

依存症の状態は基本的に素人では手に負えないので、理想的には一日も早く専門の医師の手に委ねるべきです。今のところ薬物などで決定的な治療法があるというよりは、グループを作ったり、生活指導をしたりして、何とかギャンブルから離れて暮らすことが出来るように生活を矯正するアプローチが取られるようです。

注意が必要なのは、**ギャンブル依存症に限らず依存症は再発に対して非常に脆いと**いうことです。麻薬の常用者や、アルコー

ル依存症の患者が、快復後に麻薬やアルコールを再び摂取して、一気に元の病状に戻ってしまう話をお聞きになったことがあるかも知れませんが、ギャンブル依存症を克服した人にも同様の弱点があります。依存症は「快復するが、完治はしない」と言われています。かつてのアルコール依存症の患者が「ほどよくお酒を飲めるようになる」ことが出来ないように、**ギャンブル依存症患者が「ほどよくギャンブルを楽しむようになる」ことは**無理だとされています。これは、「ギャンブル」が「株式投資」でも同様のはずです。

投資は汲めども尽きぬ深さ・面白さとともに、刺激を伴った楽しみであり、本書はこれを積極的に勧めるものですが、この高度な楽しみはギャンブル依存症の危険と近い場所にあることを十分に自覚して取り組んでいただきたいと思います。

ルール9

投資のリスクを見積もるくせをつけよう！

大まかではあっても、あなたの運用のリスクを把握しましょう投資を考えるにあたって「最も大切なこと」を一つあげるならば、たぶん具体的にリスクの大きさを把握することではないでしょうか。「**自分のリスクの見当をつけること**」**そして**「**可能なリスクの範囲で投資をすること**」**が大切です**。

投資の意思決定の世界（ファンドマネジャーなどプロの投資家の世界）では「リスク」を具体的かつ数量的に扱います。リスクの測り方として最もポピュラーなのは「リターンの標準偏差」です。期待リターンとか標準偏差というと、何やら面倒に聞こえますが、テストの偏差値で考えると分かりやすいでしょう（分かりやすくても、いやな思い出につながるかも知れませんが……）。

たとえば「期待リターンが五％で一標準偏差（＝リスク）が一〇％」という場合はこんな具合です。投資の結果が予想される平均並、つまり「運の偏差値五〇」の普通の出来だった場合には、利回りが五％です。そして、「運の偏差値六〇」くらいのまあまあ上出来の場合は六％に一〇％を加えて利回りは一五％となります。「運の偏差値四〇」に相当する不出来な場合は五％から一〇％を一度差し引いて、利回りはマイナス五％ということになります。大まかにいって、得られる結果の約三分の二は運の偏差値で四〇から六〇の中に入るというくらいに考えていいでしょう。

投資の結果の範囲としては、もう少し広い範囲まで心配しておくことが必要です。

試験の偏差値でいえば、七〇から三〇の間、つまりプラス・マイナス二標準偏差の範囲を考えておけば、起こりうる九五％くらいの範囲をカバーしたことになるといわれています。つまり、先ほどの例では、最高に良い場合で二五％の利回り、最低に悪い場合でマイナス一五％くらいの状態を考えておけば、最高と最低の見当の付け方としてまずまずでしょう。**もちろん、問題は最低のケースの方です。**

さて、この場合、年間で七五万円なら損をしても大丈夫という人であれば、先ほどのリスクとリターンの組み合わせに対して総額五〇〇万円まで投資できるという計算になります。

次の問題は、自分の投資内容の「リスク」をどう見積もるか、ということになります。リスクを計算するには、個々の資産の標準偏差の他に相関係数という数値（たとえば日本株と外国株の動きがどの程度似ているかを表した数字）が必要です。パソコンの表計算ソフトがあれば簡単に計算できる程度のものなので、興味のある方は投資の教科書で調べてみて下さい（巻末の補足もご参照下さい）。

ただし、将来のリスクを正確に予測することは、実はプロにも困難なのです。たとえば、過去何十年分のデータを使っても、将来が過去の平均を延長したような形では予測できないことは、読者にもご想像いただけると思います。

リスク資産の合計×二〇％を運用金額全体のリスクと考えてみよう

そこで、ごくごく簡単な簡便法としては、たとえば「日本株＋外国株＋外国債券・預金」を「リスク資産」と考えて、この比率×二〇％くらいを運用金額全体のリスクと考えてみてはどうでしょうか。たとえば、日本株に投資する投資信託が全体の三〇％、外国株ファンドが一〇％、外貨預金が一〇％で残りは銀行預金（とりあえずリスクはゼロだと考えます）といった方の運用全体のリスク（一標準偏差）は、運用金額全体に対して一〇％ということになります。ここで仮に「リスク資産」の部分の期待リターンを一〇％、銀行預金の利回りを〇％と考えると、全体の期待リターンは五％ということになります。つまり、先ほどの数値例と同じことなので、試験でいえば「偏差値三〇」に相当するような最悪のケースが起こって一年後に運用資産が一五％減っても大丈夫かどうかを考えてみましょう。運用額が全体で五〇〇万円なら、最大損失額は七五万円ということになります。

大雑把でもいいので、自分の運用全体のリスクを具体的に把握することと、許容できるリスクの範囲内で投資することが大切です。

期待リターン５％、一標準偏差１０％の場合

運の偏差値50で期待リターンは5%になる

運の偏差値	30	40	50	60	70
リターン	－15%	－5%	5%	15%	25%

10%　10%　10%　10%

最悪の場合
－15%がめど

運用全体のリスクと期待リターンを計算してみる

日本株ファンド	30%
外国株ファンド	10%
外貨預金	10%
銀行預金	50%

リスク資産＝50%

リスク＝20%×0．5＝10%

期待リターン＝(10%×0．5)＋(0%×0．5)＝5%

ルール10

長期投資でもリスクは減らない！

長期投資でリスクが減るという説明は間違いです

耳ざわりのいい「常識」にも、時には間違いがあります。間違いの理由を正確に理解して、メッセージの正しい部分と間違っている部分を混同しないことが重要です。投資に関して、**この種の間違いでは「長期投資すればリスクは縮小する」という話が代表的だと思います。**

たとえば、将来期待されるリターンがゼロで、分散投資された株式ポートフォリオくらいのリスクがあるとすると、前の項目の比喩でいえば「運の偏差値三〇」に相当するような最悪に近いケースのリターンはマイナス四〇％になります。

それでは、同じ対象に四年間投資しつづける場合はどうでしょうか。投資のリターンは試験とちがって、去年ダメだった場合には今年もダメといった関係がないので、マイナス四〇％が四年も連続して続くことは、「チョー（超）」が頭に三つつくぐらい珍しい現象になります。大まかにいって四年間の投資で「運の偏差値三〇」に相当する事態は、年率で二〇％程度の下落（ただし毎年です）ということになります。

さて、同じ程度に悪いケースで、一年間の投資なら年率マイナス四〇％、四年間投資すれば年率マイナス二〇％というと、「ほら、期間が長くなると、リスクが縮小するでしょう」という説明にうなずいてしまうかも知れませんが、実は「年率」というところが曲者です。投資している金額を一〇〇万円とすると、一年の投資では四〇万

投資期間が長くなればなるほど、
同じ程度の不運に対する損失額は拡大する

〈投資金額100万円の場合〉

●「１年で年率マイナス40%」というと…

100万円×0.4　➡　**40万円の損失**

●「４年で年率マイナス20%」というと…

１年後に100万円×0.2　➡　20万円の損失

２年後に(100－20)万円×0.2　➡　16万円の損失

３年後に(80－16)万円×0.2　➡　12.8万円の損失

４年後に(64－12.8)万円×0.2　➡　10.24万円の損失

合計すると４年間で　**59万400円の損失！**

４年で年率マイナス20%の方が損失が大きい！

円を失いますが、四年間のケースでは毎年マイナス二〇%が続くことになるのでざっと五九万円ほど失う計算になります（計算してみて下さい）。

結局、普通の場合は、投資期間が長くなればなるほど、意思決定において考慮するべき不確かさの大きさ（つまりリスク）は拡大するのです。考えてみると、保険の期間が長い方が保険料は高いわけですし、これは当然のことです。ただし、先ほどの例と現実の投資で違うのは、期待リターン（「偏差値五〇」の時のリターン）は通常プラスなので、投資した額の平均値は運用期間が伸びるほど大きくなるだろうということです。**通常は、運用期間が長くなると、期待収益も、資産の額の不確実性も、ともに大きくなります。**

覚えておくべき結論は「大まかにいって、運用期間が変わってもそれだけではいくらリスクを取るかの（たとえば何%株式に投資するかの）決定にはおおむね影響はない」ということです。実は、アメリカでも九〇年代の半ばに多少論議を呼びましたが、専門家の間の結論はハッキリしています。細かな話をすると、ある時点のリターンの後に同方向のリターンが出やすいか逆方向のリターンが出やすいかで微妙に結論が変わりますが、だいたいは「去年のリターンと今年のリターンは無関係」と考えていいので、運用期間によって取れるリスクの大きさは変わらないという結論で大筋は問題ありません。それでは、**取ることが出来るリスクの大きさを決めるものは何かというと、それは主として財産的な余裕の大きさであって、**これは個々人によって異なります。そうした分析をすることにこそファイナンシャル・プランナーの存在意義があるのですが、年齢や運用期間でモデル・ポートフォリオを安易に決めるファイナンシャル・プランナーがしばしばいるのはどうしたことでしょうか。

また、先の「年率」でデータを見せるやり方だと、あたかも長期投資でリスクが縮小するかのような錯覚をおぼえやすいので、運用商品をセールスする側からみて好都合だということもあって、運用の入門書や、ひどい場合にはテキストなどにも「長期投資でリスクが縮小する」という説明がデータやグラフとともに頻繁に出てきます。

しかし、そのように考えることは意思決定上は間違いなのです。

若者がリスクを取れるのは運用期間が長いからではなく、将来稼げるから

若者が株式などリスク資産への投資比率が高くてもいいといえるのは、多くの若者の人的資本の価値が大きいことと（ただし、人的資本は個人差が大きい）、そもそも運用金額が小さいことが本当の理由であって、投資期間が長いからではありません。

若者は人的資本の価値が大きい

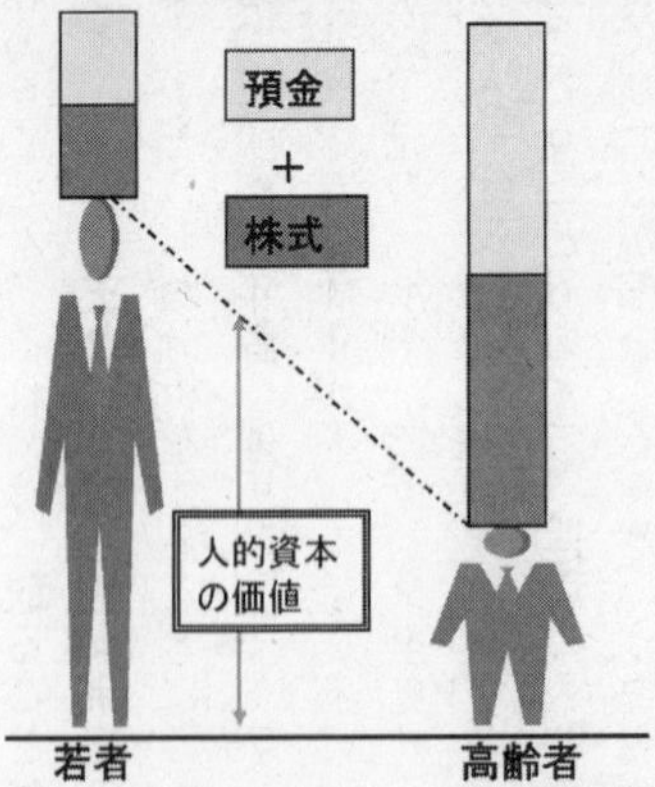

人的資本も含めて、総合的に資産を見た場合、典型的若者は金融資産が小さく人的資本が大きく、高齢者は金融資産が大きくて人的資本が小さいという特色があります。金融資産の半分を株式に投資するとした場合の総資産に占める株式投資のリスクの影響は前者で小さく、後者で大きいことが分かると思います。ただし、若者・高齢者ともに、個人差が大きいことには注意が必要であり、「何歳だったら何%がリスク資産」というアドバイスは不適切です。

個人個人の事情の差をよく見ることが大切です。

ところで、長期投資でリスクは減らないと説明すると、「長期投資を否定するのか」とか「短期投資を推奨するのか」と反論されることがあります。冒頭に述べたように、ものごとを混同しないことが重要です。**実際には、長期投資は手数料等の一時的なコストの投資期間あたりの影響を薄めるために有効で**あり、短期投資はコスト面で「話にならないくらい不利」なのです。

ルール11

資産配分を決める簡単な方法を覚えよう!

まずリスクの上限を決めて、
その範囲内で好ましい組み合わせを選択する

お金の運用は大まかにいって、まず「資産配分」、そして「商品選択」という手順で行います。この逆ではないことに注意して下さい。ここで「資産」と呼んでいるのは国内株式や外国債券といった大まかな分類のことです。そして、資産配分は運用の結果に対して圧倒的に大きな影響力を持っています。

しかし、マネー運用の入門書や金融機関のホームページなどを見ても、正しくかつ実用的な資産配分の方法を書いたものが見つかりません。質問にいくつか答えると資産配分を提示するプログラムなどもあるのですが、一見立派な見かけでも、内容が適当でないものが多々あります。なぜでしょうか。ハッキリ書いてしまえば、入門書の筆者や金融機関の人たちが正しい知識と手順を理解していないからでしょう。

この辺りの事情は、たとえば、いずれも公的性格を帯びた年金の資産配分計画である年金資金運用基金の基本ポートフォリオ（国内債券六七%、国内株式一一%、外国株式九%、外国債券八%、短期資産五%）と厚生年金基金連合会の基本ポートフォリオ（国内債券三七%、国内株式三三%、外国株式二三%、外国債券七%）を比べただけでも分かると思います。いずれも巨額かつ長期にわたる年金の運用で、財政状態は楽観を許さず、運用が失敗すれば最終的には国の財政に負担をかけることになる、よく似た性格の資金なのですが、内外の株式と外国債券を「リスク資産」と見るなら、年金資金運用基金が二八％、厚生年金基金連合会は六三％と全く異なる資産配分計画になっています。普通に考えて、少なくともいずれか一方はかなりおかしいということでしょうし（読者はどちらの方がおかしいと思われますか？）、資産配分の決め方に「定説」がないということがご想像いただけると思います。

この例からも分かるように、資産配分はプロに任せたからといって確実にうまくいくものではありません。むしろ、**資産配分の意思決定は他人に任せるにはあまりに影響が大きいので、自分で決めるべき**なのだ、と考えておくべきでしょう。

それでは、資産配分を自分で決めるにはどうすればいいのでしょうか。

資産配分の基本的な手順を少し厳密に述べてみると、個々の資産の平均値としての予想リターン（期待リターン）とリスクを求めて、さらに、複数の資産を組み合わせたときのポートフォリオ全体のリターンとリスクの組み合わせの中から、最も気に入ったもの（リスク許容度に合致するもの）を選ぶということです。

この方法を忠実に実行することは必ずしも難しくはありませんが、初心者には少し面倒でしょう（やる気のある方は、本書巻末の補足をご参照下さい）。

そこで**初心者向けの資産配分の簡便法を考えてみました。**

大まかにいって、無難な範囲の中に入る選択肢の中から最も好ましいものを選ぶと

いうのが基本思想です。大切だけれども自信のない意思決定をする場合には、多少間違えても「無難」の範囲におさまるようなやり方がいいのではないでしょうか。

まず、自分の一年間の運用で損をしても許容できる額の上限を決めます。たとえば「年収六〇〇万円の家計で支出が五〇〇万円だから、一年間の貯蓄は一〇〇万円だが、まだあまり蓄えがないのでその半分の五〇万円が損の限度だ……」という調子で許容できる損失の上限を決めます。

決め方は人それぞれですが、一般に年間支出二年分くらいの蓄えがあると安心といわれているので、ここまで貯まっていない場合は、一年間の貯蓄可能額くらいまでが損失許容限度の上限だと思います。

さて、簡単な計算をしてみましょう。損失許容額をL（円）として、マネー運用額全体をM（円）、そのうちリスク資産に投資する額をX（円）とします。さらに、リスク資産の年間最大損失の倍率をdであらわしましょう。たとえば、最大で三割下落という場合はd＝〇・三です。さらに安全に運用できる利回りをiで表します。金利が一％ならi＝〇・〇一です。**そこでX＝（L＋M×i）÷（d＋i）を計算してみて下さい。このXがリスク資産の組入額の上限です。**

たとえば、損失許容額は年間七〇万円、運用額は五〇〇万円、安全な預金の利回り

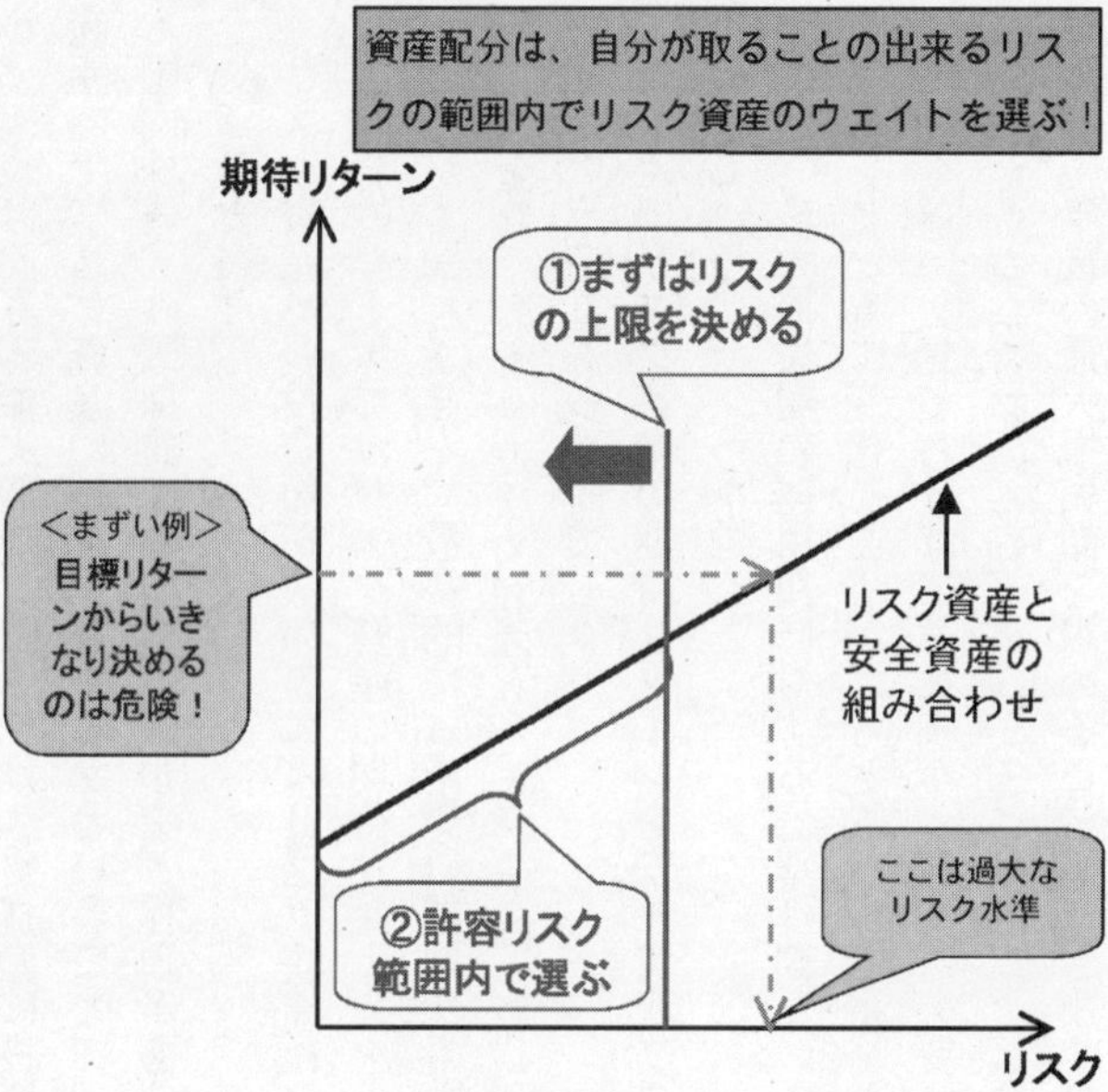
資産配分は、自分が取ることの出来るリスクの範囲内でリスク資産のウェイトを選ぶ！
期待リターン
①まずはリスクの上限を決める
＜まずい例＞目標リターンからいきなり決めるのは危険！
リスク資産と安全資産の組み合わせ
ここは過大なリスク水準
②許容リスク範囲内で選ぶ
リスク

が二%、リスク資産の最大損失がリスク資産の投資額の三割（d＝〇・三）とすると、どうなるでしょうか？「七〇＋五〇〇×〇・〇二＝八〇（万円）」を「〇・三＋〇・〇二＝〇・三二」で割るのでX＝二五〇（万円）です。リスク資産に半分まで投資できます。この範囲の中でリスク資産に対する配分を考えればいいということです。

リスク資産の最大損失は年三割、期待リターンは安全資産プラス五%と考えてみる

次に考えることが二つありま

す。一つは、許容損失額の上限までリスク資産に投資する必要はないので上限までの範囲内でリスク資産に幾ら投資するかということで、もう一つはリスク資産といっても国内株式、外国株式、外国債券・預金と種類があるので、この配分をどう決めるかということです。

リスク資産への投資額を決めるにはリスク資産に予想されるリターンが重要です。ルール9のケースではリスク資産の期待リターンを一〇%としましたが、これは少し大きいかも知れません。最終的には予想の問題でもあり、絶対的な定説はありませんが、預金などの安全資産の利回り（ここでは〇%）にプラス五%〜六%くらいが妥当、という辺りが多数説でしょう。

たとえば**リスク資産の期待リターンを安全資産プラス五%ととりあえず考えることにしましょう。**

また、最大損失額の運用額に対する倍率は細かいことをいうと、リスク資産の予想リターンとともに変化しますが、もともと少し余裕を持った大雑把な想定なのでd＝〇・三くらいを見ておけば、そう細かく変える必要はないと思います。リスク資産の損失額から安全資産の金利で稼げる分を引いて「X×〇・三−（M−X）×〇・〇二」で一年後の最大損失額を求めることができます。

あなたはいくらまで リスク資産に投資できる？

損失許容額：L（円）
マネー運用全体額：M（円）
運用額のうち、リスク資産に投資する額：X（円）
リスク資産の年間最大損失：d（最大30％下落なら、d＝0.3）
安全に運用できる利回り：i（金利１％なら0.01）

↓

$$\text{リスク資産の組み入れ額の上限}(X) = \frac{L + M \times i}{d + i}$$

損失許容額：年間70万円＝L
運用額：500万円＝M
安全な預金の利回り：２％＝i
リスク資産の最大損失：30％＝d

のとき、

$$\frac{70\text{万} + 500\text{万} \times 0.02(=80\text{万円})}{0.3 + 0.02(=0.32)}$$

↓

250万円までリスク資産に投資できる

リスク資産の組み入れ率を10％ずつ減らすと、１年後の期待収益と最大損失額はどう変わる？

リスク資産組み入れ率	50％	40％	30％	20％	10％	０％
１年後の期待収益（万円）	25	22	19	16	13	10
期待運用利回り（年率）	5.00％	4.40％	3.80％	3.20％	2.60％	2.00％
１年後の最大損失額（万円）	70	54	38	22	6	-10

さて、損失額の範囲内に納まるようにリスク資産に投資することが重要でした。たとえば、先ほどの上限である二五〇万円から運用資産の五〜一〇%刻みくらいでリスク資産を減らした組み合わせについて、何通りか予想投資収益と最大損失額の組み合わせを計算し、そこから投資家が好みのものを選べばいいということになります。表はリスク資産の組み入れ率を一〇%ずつ減らしてこの計算を試みたものです。

この表を見ると、率直にいって、どれが好みという意見は人それぞれで、投資家本人が、これがいいと思う組み合わせを選べばいいと思います。

運用業界側では「多くの素人（と運用会社の人たちがいう人たち）がリスクを過度に嫌う傾向がある」といっており、リスク許容範囲の上限を勧めたり、**もっとひどい（しかしよくある）ケースでは、目標利回りだけからリスク関係なしにリスクの大きな資産配分を決めたりすることがあるので、注意しましょう。**

ただし、一年では小さく見える予想利回りも、長期間複利で運用すると結構な収益になるので、利回り（の差）を過小評価しない方がいいとは申し上げておきます。しかし、ルール10で書いたように、運用期間が長くなるとそれなりにリスクが増えるので、基本的には一年単位で運用を考えて結構です。長期的な視点も踏まえてものを考えること自体はいいことですが、個人の事情も経済の様子もしばしば短期間で変化するので、運用計画を長期にわたって固定的に考えることは現実的ではありません。長期的なお金のニーズなどの要素は、損失許容額を考える際に考慮して「できるだけ」反映させておくと考えましょう。

さて、最後に、リスク資産の内訳です。率直にいって、これを意味のある精度で決めるためには、もっときめ細かな前提条件の検討が必要です（プロにとっても簡単ではありません）。一つのアプローチは、年金基金などプロの投資家の運用計画を参考にするということですが、前述のように彼らもあまり当てになりません。

しかし、もともとリスクをやや大きめの余裕のある数値（d＝〇・三）で考えているので、そう神経質になる必要はありません。年金などを運用する機関投資家の配分を参考にすると、国内株式と外国資産（株式・債券・預金の合計）の比率が二対一くらいの組み合わせならば、プロの資産配分と相当程度似ているといえます。

ただし、外国資産に関しては個人投資家の場合、為替も含めて手数料がかかる不利な商品が多いことと、為替リスクのハンドリングが難しいことを考えると、外貨建て資産は「リスク資産の三分の一」というくらいを上限にするとよいのではないかと思います。

また、将来日本円でお金を使うことを考えると、リスク資産の上限以内であればリスク資産全体を日本株のポートフォリオで運用しても構わないと思います。

投資銘柄数が少ないなら、リスクの上限をぐっと落とすこと

簡便法を使うにあたって、一つ注意していただきたいのは、株式の投資銘柄数が少なかったり、業種が偏ったりしているときには、リスクが過大になる可能性があるということです。たとえば、一銘柄だけの投資の場合、d＝〇・五とかd＝〇・七といったレベルで考える必要があります（銘柄によって違います）。数銘柄で慎重に業種を分散していれば、d＝〇・三またはd＝〇・四くらいでいいと思います。

実は、本書の前身『お金がふえるシンプルな考え方』では、リスク資産の第一の無難な選択肢として、TOPIX連動型のETFをお勧めしたのですが、TOPIXの性質が変わる二〇〇五年以降、必ずしもお勧めできる投資対象とはいえなくなってしまいました（詳しくはルール16で解説します）。

リスク資産として、何に投資するべきかは難しいところですが、現時点では自分で数銘柄以上に分散投資した株式を持つのが一番だ（有利で、かつ気持ちがいいので）という結論にしておきます。手数料が高い投資信託は勧める気にはなりません。

ルール12

ドルコスト平均法を信じすぎるな！

ドルコスト平均法は有利でも不利でもないが、リスクの集中に注意が必要

「ドルコスト平均法」と呼ばれる投資方法があります。たとえば「毎月」といった一定の間隔で、株式のような価格が変動する投資対象に一定金額ずつ投資する方法です。株価が下がると株数を多く買うことになるので、毎月同じ株数を買うよりも、一株あたりの〝平均買い付け単価〟が低下するから有利だとして、**しばしば積立型の投資を勧誘する際に登場します。**おそらくアメリカで名付けられたのでしょうが、円で投資してもドルコスト平均法です。

それでは、ドルコスト平均法が本当に有利な投資方法かというと、別段有利ではありません。株価が下がった（上がった）後に、上がる（下がる）といった傾向性が株価にあれば、確かに等株数を買い付けるよりも有利になりますが、下がった（上がった）株価がもっと下がる（上がる）ような動きになる場合はドルコスト平均法の方が不利になります。

株式のリターンの傾向性は専門的な研究の対象ですが、大まかには前記のどちらでもないと考えておいて問題はありません。もともと、むずかしく考える必要はないのであって、特別に有利な方法など、あるはずはないのです。**結論として「ドルコスト平均法は、有利でも不利でもない」と覚えておけばいいでしょう。**

ドルコスト平均法の過信はリスクの集中につながる

本来は、有利でも不利でもないはずのドルコスト平均法ですが、**これを「有利な方法なのだ(と言われている)」と過信すると、弊害をもたらすことがあります。それは、リスクの集中です。**

典型的なのは、社員持株会による投資を行っていて、会社が傾くケースでしょう。

筆者は山一證券自主廃業の際に勤めていましたが、多くの社員が勤務先と財産を同時に失いました。持株会での投資の他に、外貨預金、金の積み立て投資などでドルコスト平均法を過信して、リスクを集中させる傾向があるようです。注意しましょう。福利厚生担当者が愚かな会社の場合には、社員持株会の説明に「ドルコスト平均法で積み立てるので有利だ」というようなことが書いてあったりすることもあります。

ところで、余談ですが、社員持株会には会社が補助金を出すケースがあります。たとえば、ある商事会社では買い付け金額の一割を会社が補助してくれます。この会社のように補助が大きい場合は、なるべく大きな額で自社株に投資して、単位株(普通は千株)になったらすぐに売却する、という方法でリスクを抑えながら、補助金のメリットを狙う「裏技」があります。もっとも、周囲が気になって自社株を売れない気の弱い人や、買値よりも値下がりしている場合には悔しくて売れないというような投資に不向きな性格の人にはお勧めできません。

ドルコスト平均法は、投資教育の際にはしばしば「有利な方法」として推奨されます。あるいは、「内容が不正確であっても、ドルコスト平均法が有利だと信じている方が素人にはいいのだ」という（偉そうな）意見を聞いたこともあります。また、**ドルコスト平均法の有利性を強調する背景には、積立型の商品をセールスする際に好都合だという売り手側の事情があるように思えます。**

投資の入門書や投資教育の教材をチェックする際に、ドルコスト平均法をどう説明しているかを見ると、テキストの書き手がどのくらい運用を理解しているか、商売に対して迎合しているかがしばしばよく分かります。単純にドルコスト平均法が有利だと誤解しているらしいこともあれば、正しいことを知りながらあえて有利に見せるように誘導しているようなものもあります。どちらも感心しません。

ドルコスト平均法が精神的に受け入れやすい心理学的・行動経済学的理由は、原理的に最高値で買わずに済むことや、機械的なルールを作っておくことで投資タイミングについて、後悔を事前に回避できるという「後悔回避行動」によって説明できま

ドル・コスト平均法は
有利とも不利とも言えない！

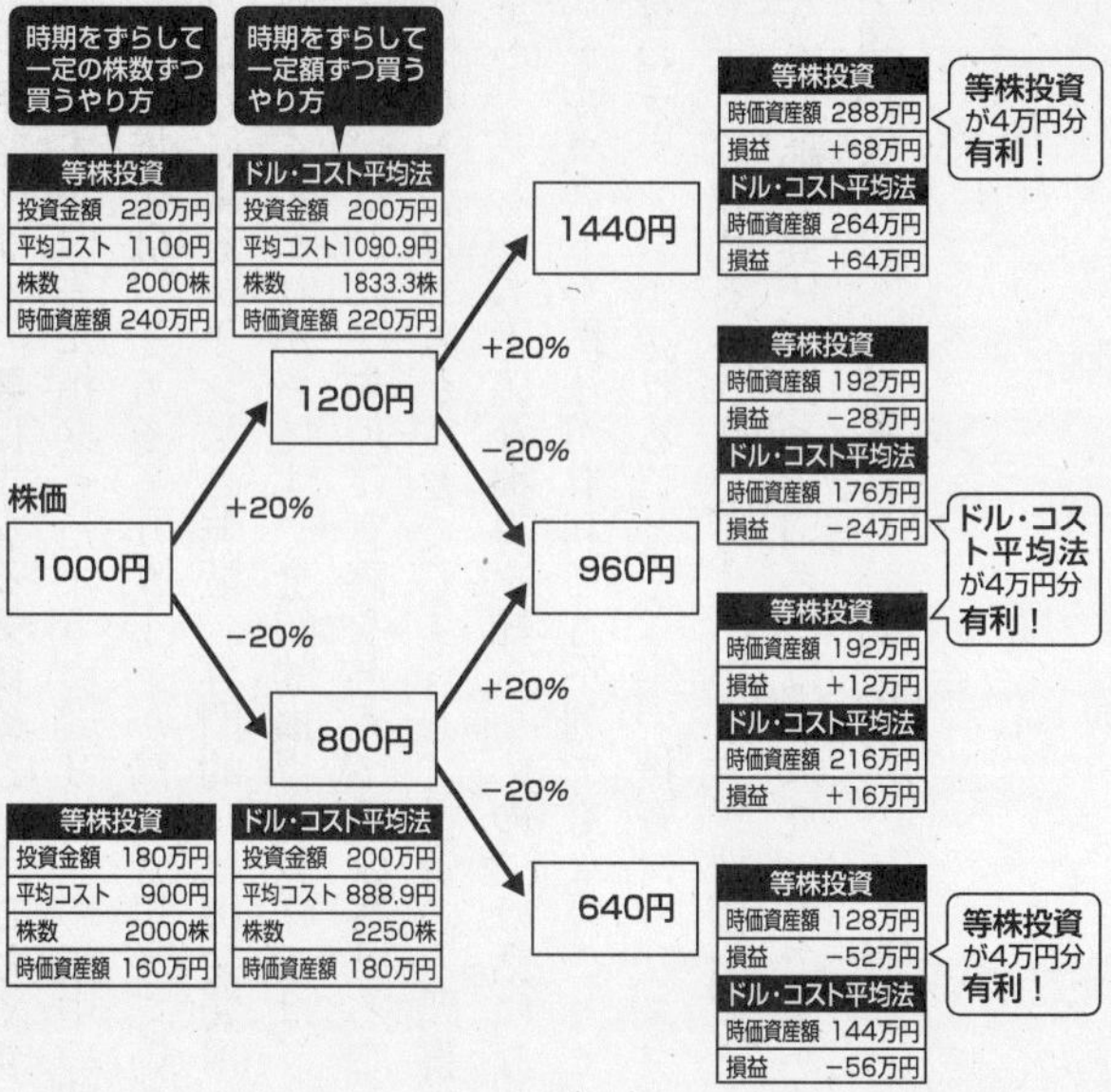

※20％上がるか、20％下がるか半々のケースを規定。「↗→↘」「↘→↗」のケースではドル・コスト平均法の方が、「↗→↗」「↘→↘」のケースでは等株投資の方が有利だが、差はどのケースでも4万円。ドル・コスト平均法と他の投資法は異なるので、単純にリターンでは較べられないことに注意して下さい。

す。仰々しい用語ですが、**要は単なる気休めということです**。気休めでも、それが無害ならいいのですが、先に指摘したように、リスクの集中の問題がありますし、リスクに余裕がある場合は、そもそもリターンが高いと思っている対象をゆっくり時間をかけて買うことによるチャンスの無駄（専門的には機会費用）という側面があり、加えて手数料も多くかかりがちです。金銭的損得の意味では、やはり経済合理的な行動ではありません。これに、無理に意義を与えて普及させることよりも、経済合理的な思考方法に慣れることの方が重要でしょうし、投資の入門書や投資勧誘のパンフレットの書き手が、そもそも正確な損得を知らないのでは話になりません。

筆者は、ドルコスト平均法が有利でも不利でもないことともに、株価下落時にしばしば投資のチャンスが訪れることや、集中投資にはリスクがあることなどを、一般投資家にも正しく教えるべきだと考えています。株価や、まして投信の基準価額が必ず上がるなどと誰も責任を持っていえるはずはないのですから、フェアな情報を伝えるべきだと思います。

ルール13

デフレ・インフレと投資法を正しく理解！

デフレ・インフレで得な投資方法は一応知っておいて、過信しないことが大切メディアのマネー運用特集記事の多くが、**デフレへの対応とともにインフレの心配**をしています。筆者も両方を心配しなければならないと思っています。なお、ここではデフレを物価が下落すること、インフレを物価が上昇することとシンプルに定義しておきます。

近年、日銀から民間の銀行に対しては大量のお金が供給されていたのですが、健全な借り手はなかなかお金を借りないし、お金を借りたい企業や個人の多くはお金を貸す側にとっては不安な相手ということで、銀行から銀行外への貸出を通じてお金がまわらないことが、金融緩和が物価や景気に有効に働かなかった原因でした。

しかし、この状況は、景気が回復したり、何らかのきっかけでインフレが始まったりした場合に、健全な借り手がお金を借り始めると、爆発的な貸出の伸びにつながりインフレに直結する可能性があります。これを、制御するにはたとえば金利が二桁になるような強力な金融引き締めが必要かも知れません。しかし、そんな荒療治はきっとしないでしょうから、**物価が上昇し始めると加速が急になる可能性があります**。

さて、ごく大雑把なものですが、常識的なデフレ・インフレ下での資産種類別の有利不利を簡単な表にまとめてみました。単純化されていますが、一応の常識として頭に入れておいて下さい。

インフレの場合、株価は理論的には、利益成長率の上昇と同じだけ金利が上昇すればプラス・マイナスがゼロですが、特にインフレの当初は利益成長が勝ると見て「○」にしました。**インフレでは賃金も上昇するのですが、日本の賃金は国際的に高いので、その上昇は物価ほどではないだろうと思います。これは企業にはプラスですが、多くの生活者にはマイナスということなので気を引き締めましょう。**

不動産は、家賃収入の伸びはせいぜいインフレ並みで、企業の利益ほどでないと考えて「△」としました。家賃や地価が高騰するような好景気になると投機的な価格上昇もあるでしょうが、売買にコストがかかることもあり、そもそも不動産は資産運用の手段としてあまり優れていません。

借金は、現実に借りられる金利が市場金利よりも高いので、いつの時代でも個人にはおおむね不利です。ただ、デフレ時代は致命的に重荷になりますが、インフレになると相対的に軽くなります。しかし、変動金利の借金は金利がインフレを追いかけるので要注意です。

外貨預金の善し悪しは、外国と日本とのバランスで決まります。日本のインフレだけが特に心配な場合は理屈上「○」でしょう。ただし、持ちすぎは危険ですし、多くの場合、為替の手数料が高すぎて話になりません。

表　資産種類別のデフレ／インフレ適合度評価

	デフレ	インフレ
株式	×	○
長期債券・定期預金	◎	××
現金・普通預金	○	×
外貨預金	×	○
不動産	×	▲
借金（固定金利）	××	○
借金（変動金利）	×	△

（評価順序；◎＞○＞▲＞△＞×＞××）

さて「当面デフレ、次はインフレもありうる」という認識ならば、良さそうな戦略は、①借金はしない（または返済する）、②株をある程度持つ、③長期の債券は持たない、④不動産は買わない、⑤好みによっては外貨預金を少々持つ（多額には持たない方がいい）、といった組み合わせが無難でしょう。

ただし、パターン化された対応に固執するとかえって損をすることもある

ところで、表の内容は、異説もあるでしょうが、一般的、常識的なものだと思います。しかし、よく考えると、「自分だけが将来を見通せたときの有利・不利」といった立場でまとめられています。株価、金利、為替レートのいずれも、将来のデフレ・インフレがマーケットで完全に予想されている場合はこれを現時点で織り込むので、有利不利は起こらないはずです。また、市場参加

者の予想が「行き過ぎ」の場合は、将来の損得が表の逆になることもあり得ます。つまり、デフレ・インフレに対して、パターン化された対応に固執するとかえって損をすることもあるということです。

結局、先の常識は「一般教養」として覚えるとしても、現実には簡単で有利な運用のパターンなどないのだと理解しておくべきです。

実は、「マクロ経済の動きを読んで、有利な運用を簡単に行える」などというのは、マーケットを知らない人の考えることです。この辺りの事情はなかなか分かってもらいにくいのですが、「マクロ経済が読めても」、「人並みにしか読めなければ」、投資で有利な行動をすることはできないということなのです。

そもそも、経済の将来を正しく「読む」ことは困難ですし、自分の読みが「人並み」以上なのか以下なのかということについて確かめるのが難しいこともあり、マクロ経済の読みを運用戦略に役立てることは、プロでもなかなか大変なのが現実です。

ルール14

経済パニック論の真意を見抜け！

パニックの意味と可能性をよく考え、不利な商品やサービスに引っかからないことが肝心です書店に行くと、「日本経済破綻」、「預金封鎖」、「資産防衛」といった、資産家の恐怖を煽るようなタイトルあるいはキャッチフレーズを散りばめた書籍が多数あって、相変わらず人気を博しているようです。この種の書籍が書店の書棚を賑わすようになってから、かれこれ十年以上が経過しており、その間に、「危機」として訴えられる内容は、不良債権問題から銀行の破綻、国債のデフォルト、公的年金や財政の破綻などと変遷し、その後景気が幾らか回復するとハイパー・インフレーションの可能性などが取り上げられています（何と節操のない……）。

いずれも、①預金封鎖&資産課税で預金や現金あるいは国債などの資産の相当部分が国家に没収される、②ハイパー・インフレーションまたは金融システムの崩壊で国内にある預金や現金がほとんど無価値になる、といった「**恐れ**」**を強調します**。

こうした書籍では、著者または関係者の主宰する財産運用アドバイスを行う団体や**セミナー**などが紹介されることが多く、また書籍と関係のない同様のセミナーも数多く行われているようです。こうした書籍やセミナーでは、これらの「危機」や「破綻」への対策として、**金投資**や**海外のプライベートバンク**を使った資産の国外逃避、**外貨預金**、**ヘッジファンド**など**海外のファンド**への投資、**内外の不動産投資**などが推奨されるようです。

こうした「危機」に関する話は、それが起こる可能性を「絶対に否定できるか？」と考えると完全な否定が難しいことが多く、そうこうするうちに本当に心配になり、特に資産家（それも高齢者）は、経済破綻の可能性とこれに備えた対策についてアドバイスを求めたい気持ちになるようです。

この種の危機については、「未来永劫それが絶対に起こらないと言えるか？」というような「絶対の問題」ではなくて、たとえば**向こう五年、一〇年の間にそれが起こる確率はどれくらいか、という「程度の問題」として考える方がいいと思います。**

たとえば、よく言われる「預金封鎖から資産課税」ですが、預金の一部をカットして、一〇〇兆円、二〇〇兆円といった単位のお金を国民から徴収することには国民からの大きな抵抗があるでしょうし、銀行システムを止めてこのようなことを行うと、国内海外を問わず、日本の政府および金融機関の信用が決定的に失われますが、それだけの政治的・経済的なコストを払っても、七〇〇兆円を超える公的債務のごく一部（しかも、国の財政赤字のほんの数年分）にしかなりません。

政治家や官僚にとって「預金封鎖から資産課税」はまったく割のいい話ではありません。とはいえ、そうしたことが将来とも「絶対にないか？」といわれると、「絶対とは言えませんが」という留保条件を付けざるを得ないところが、不安を煽る側の狙い所です。

　ここで、「預金封鎖と資産課税のセットが行われる可能性はどれくらいか、確率を考えよう」と観点を変えると、この確率が大きなものにはならないことが納得できると思いますし、「対策」として見合うコストの問題を考えるきっかけになります。仮に「預金封鎖から資産課税」が一〇年後にはじめて起こる確率が一〇分の一で預金のカット率が三割なら、この問題の現時点での期待リターンへの影響は一〇年後にマイナス三％、つまり年率リターンではマイナス〇・三％にすぎません。これに対して、たとえば**年間の手数料が合計で二％も三％もかかるような金融商品やプライベートバンクなどのサービスを利用することがいかに非合理的であるか**は、冷静に計算すると明らかでしょう。

経常収支と長期金利をよく見ておけば、パニックはある程度事前に分かる

　とはいえ、名目ＧＤＰがざっと五〇〇兆円である時に、広義の政府の債務が七〇〇兆円を超える日本の国家財政は、それ自体として大きな問題であることは確かです。

　ただし、国債や国の債務に関して、債務不履行（デフォルト）を起こすと、資金調

達に多大な影響が及びますし、経済が大混乱に陥るので、政府はそうしたことを極力避けようとするはずです。こうした努力を行ってもなおかつ、**国債がデフォルトに陥るような状態になるには、いくつかの条件があります。**

まず、日本の国債は現在、ほとんどが国内の投資家によって消化されていますが、いわゆる経済危機に陥ったり、国債がデフォルトを起こしたりしたような国は、いずれも、国債の消化の相当部分を非居住者（外国人）に頼っており、外資の流入によって資金繰りが支えられていました。外国人の場合には、外国の情勢に対する判断が極端に傾きやすいことに加えて、複数の投資家が同方向に同時に動きやすい傾向があり、また特に新規の投資に対しては政府の力が及ばないので、外国からの資金流入に頼った経済運営の場合、これが途絶えると経済が困難に陥ることがあります。

こうした状況に備えるには、**国債の消化における外国人の割合を見ておくこととともに、日本の経常収支を見ておくことが役に立ちます。**マクロ経済的には、経常収支は日本居住者の「貯蓄マイナス投資」なので、大まかにいって、経常収支が黒字の間は、フローのベースで貯蓄超過であり、外国人の対内投資よりも日本人の対外投資の方が多いので、日本国内のマネーフローに余裕があります。ストックのベースでは、日本の対外純資産が円換算で百数十兆円あり、これは財政赤字の五年分程度に相当します。

したがって、日本国内の資金繰りが危機に陥るまでには、経常収支が趨勢的に赤字の時期が続くはずであり、経常収支が黒字の間はまだ心配は大きくありません。

また、国内の投資家が海外に投資することによって、政府の財政赤字のファイナンスが難しくなる可能性も理屈上多少はあり得ますが、**こうした場合には、日本の長短金利が大幅に上昇するはずです。**

たとえば、日本の金利が海外の主要国よりも高くなり、円安を止めるための介入が行われるような事態になった場合には、円建て資産の安全性を心配すべきかも知れませんが、それ以前の段階で、**いわゆる「危機」に備えて、年間にたとえば一％以上のコストを払うような「対策」を行うことはたぶん「割に合わない」でしょう。**

金投資・外貨預金・プライベートバンク、パニック対策商品にはろくなものがない

資産だけでなく生活も海外に移すことを想定するなら話は多少変わりますが、日本国内で日本の法律に従って生活する場合、運用上有利かどうかは別として、元本と利息の安全性に関しては、国債ないし国が保証する債務に勝るものはありません。

たとえば国際的に活動する超優良企業の社債であっても、国内の居住者が保有して、将来これを換金して使うことを考えると、その時点での通貨としての円や円預金などの信頼性に依存するので、国債よりも安全ということではありません。また、海外の資産を将来日本国内で使おうとすると、やはり日本の法律の支配下に入るので、たとえば日本国内で資産を引き出した時には課税の対象になる可能性があります。

日本の財政赤字は大きいし、政府も頼りなく見えるし、という点はもっともなのですが、法律も言語もよく分からない外国のプライベートバンクなどを少数の紹介者の情報だけでどうして信用できるのか、いささか不思議です。そこまで信じさせるビジネスの側の手際のよさには、これも他人の不幸や恐れにつけこんで多額のお金を巻き上げるある種の宗教まがいの手並みを見るような感嘆を覚えますが、感心ばかりしているわけにもいきません。

さて、経済危機の不安に対する対策を謳った商品には多くのバリエーションがありますが、主なものの難点を指摘します。

①金投資

●保有していても、これは資本の提供ではないから金利も配当もないので、長期運用には不向きです。
●大きな価格リスクがあり、売り買いの際に手数料や売買値差がコストとしてかかります。
●しかも、盗難のリスクがあり、保管のコストがかかる（余談ですが、現物の金投資は、「全く働かない美人の奥さん」と暮らすようなものです。何も稼いでくれないし、手間はかかるし、盗まれる心配（！）までしなければなりません）。

②外貨預金

●為替リスクが大きな問題です。
●為替の手数料もあれば、預金金利は市中金利よりもかなり低いといった実質手数料の大きさも問題です。
●国内にある銀行（外銀を含む）の外貨預金は日本の法律に従うので、資産課税の対象になり得ますし、しかも預金保険の対象にはなりません。
●外国の銀行口座にある預金は国内での大口引き出しが困難です。
●名目上の金利が高いからといって「期待リターン」が高いとは限りません。円預金より期待が高いかどうかは、大まかには半々です。

③プライベートバンク（国内・海外とも）

●何といっても手数料が高い（表に出る手数料の他に、紹介する投資商品〔オフショアのファンドや仕組み債など〕のマージンがおしなべて大きいと思います）。

●顧客の側でもあれやこれやと手間がかかります（信用させるテクニックの一つのようですが）。

●外国語かつ海外の法律に基づく契約書について自信を持って判断することが難しい（紹介業者任せで、心配になりませんか？）。

●プライベートバンクの信用度をどのように確かめればいいのかが難しいことも問題です（自信を持てる根拠はありますか？）。

●紹介する商品（たとえば海外籍ファンド）は多くが、複雑な仕組みで（実質的な手数料を隠すために）、高手数料です。

④海外籍のファンド（ヘッジファンドなど）

●ファンドの手数料が高くかつ多くの場合不透明です（特に「成功報酬」と「ファンド・オブ・ファンズ」に注意してください）。
●ファンドの仕組みが複雑です。
●ファンド資産の保管に関する複雑さも問題（配当が入金しない場合などに、自分で解決できますか？）。
●運用者の信用度の確認が難しい。
●解約換金の手続きが時に難しい。
●営業担当者の信頼度確認の難しさもあります（担当者がいなくなってもファンド資産は守られて、自由に換金できるでしょうか）。

⑤内外の不動産投資

●不動産自体に大きなリスクがあります。
●業者の大きな手数料があり、これは大きなマイナスリターンです（マンション投資の場合、一般的な物件で仕入れ価格に対して三割程度の粗利が乗っていると言われています）。
●将来の管理の難しさ。

●将来の建物の老朽化と修繕のコスト。
●将来の家賃収入が確実にあるかどうかも問題です。
●換金の際に流動性が乏しい点も欠点です。

どの商品も、一般的な運用として手数料等を評価するとかなり不利であり、これを資産防衛に対するコストと考えても、経済危機の確率を考えると割に合いません。

手っ取り早いペイオフ対策は今のところ個人向け国債

もちろん、日本(政府)が破綻しそうだとか、ハイパーインフレになりそうだ、とかいった事態には、金融的選択の損得が大きく変わるでしょうが、これらは、今のところ起こる確率が小さいし、起こるとしてもいきなり起こるわけではありません。

巨額の個人資産(たとえば一〇〇億円以上)をお持ちの方が、損を承知でより強度の安全(将来、日本がなくなっても悠々暮らせるくらいのレベルの安全)を求めるようなケース以外の、普通の個人の、特にペイオフ完全解禁後の資産運用の指針について、「無難な方法」を説明しておきましょう。

普通の家計の場合、当面必要なお金はたぶん預金保険でカバーされる一〇〇〇万円以内で済むケースが多いと思います。それ以外のお金については、現時点では、リスクを取らない部分は個人向け国債という考えでいいと思います。これ以外の、投資信託、変額保険など、売り手の手数料が大きな商品を買うのは無駄ですし、外貨預金や債券、ましてデリバティブ商品などで、「うまい話」などあり得ません。要は、わざわざ手間をかけて勧められるような商品は、気にしなくていいということです。

将来も日本で生活する限り、預金保険の対象となる金額は預貯金でいいでしょうし、これを超える金額は、有利不利に関する判断が時々で多少変わるとしても、資産保全の観点では個人向け国債よりも安全かつ有利な資産は現在見あたりません。

個人向け国債が有利な点は以下の通りです。

まず、半年ごとにクーポンが変動するので将来の金利上昇に強いのですが、金利が長期国債利回りを基準に有利に決まっています（定期預金の金利よりもはるかに高い）。しかも、信用リスクは国債並みで、加えて、直近二回分の利払いを放棄すれば元本満額で換金できるなど、いざという時の流動性にも問題がありません。現在、一口一万円で売られていますが、もしも機関投資家が買えるなら、一口が一万一〇〇円でも買うのではないでしょうか。他の金融商品との比較でも、プロが参加するマーケットの条件と比べても異様に有利です。

セールスに引っかかる側の心理を知って冷静になろう

預金封鎖などの「危機話」には独特の刺激とリアリティがあり、ある種のエンターテイメントとして楽しめる要素もありますが、これを売り手側利益の大きな金融商品のセールスに使おうとするのはいささかたちが悪いと言っていいでしょう。**まず不安を喚起しておいて、それから商品やサービスを売り込むというのは、売り手が取る利幅の大きい怪しい商品のセールス勧誘の常套手段です。**セールスする側の文脈（危機が来ないと、「絶対に」言えますか、等）ではなく、自分の側の客観的な損得のフレームワークに移し直して物事を判断することが重要です。いったん不安が喚起されると、何かを買うと気休めになるという心理が働き、「何か」をしたくなりますが、ここでプライベートバンクのようなビジネスにまんまとハマるようなのでくれぐれもご注意下さい。

ルール15

ベンチマークが分かると運用が分かる！

ベンチマークの考え方と使い方をマスターしましょう

「ベンチマーク」という言葉を聞いたことがおありでしょうか？　お金の運用の世界では、たとえば株式で運用する投資信託の運用パフォーマンスを評価するときに東証株価指数（TOPIX）のような株価指数を比較の対象として用いますが、この比較対象をベンチマークといいます。たとえば、株式のファンドを評価する時と債券だけのファンドを評価する時では、前者をたとえば東証株価指数、後者をたとえば代表的な債券指数である野村ボンド・パフォーマンス・インデックス（野村BPI）と比較するというのでなければ、運用者にとって（つまり、運用能力について）フェアに評価したことにならないことはお分かりいただけるだろうと思います。

ただし、**ベンチマークの役割は「事後的なフェアな比較の対象」だけにとどまりません。プロの運用の世界では、運用の計画段階や実際の運用時にも、ベンチマークが重要な働きをしています。**個人投資家も、運用商品を理解するためにも、自分の運用についてよく知るためにも、ベンチマークの使い方を理解しておきましょう。

運用の計画段階では、たとえば資産の配分を決める際に国内株式のリターンやリスクについて情報を得る適当なベンチマークを決めて、そのベンチマークの過去のデータを分析します。この場合のベンチマークは、これから行おうとする運用内容をよく反映したものである必要があります。プロの世界では、割安株運用、中小型株運用など、運用のスタイルに合わせたベンチマークを使うこともあります。また、資金の運用をまかせる側と運用する側の間で具体的なベンチマークを決めることによって、お互いに運用の内容がよく分かるようになります。つまり、コミュニケーションを助ける機能もあるのです。

運用の実行段階では、ファンドマネジャーは自分のポートフォリオとベンチマークとの相対的なリスクを意識します。これは、ベンチマークがリスク測定の基準になることで、運用計画と現実の運用が結びつけられるということです。

こうしたプロセスがあってこそ、運用の計画・運用・評価の三段階が一貫したものになり、ベンチマークとの対比で運用パフォーマンスを測ることがフェアであり、また情報のフィードバックとして意味を持つようになるということです。

ベンチマークがこのように理想的に機能するためには、ベンチマークの中身（構成銘柄とウェイト）が明らかなこと、ベンチマークとほぼ同じリターンの獲得がほぼ可能なこと、そもそもベンチマークで表される運用自体が運用として好ましいものであること、などが必要です。まとめると、「透明性」「再現性」「規範性」が、ベンチマークの三条件です。

ベンチマークは、事前に具体的かつフェアに指定できるものでなければなりません。「株価が上がるときはＴＯＰＩＸで、株価が下がるときは預金金利だ」といった「後出しジャンケン」のようなベンチマークは機能しません。

自分の運用をベンチマークで表すと、リスクを把握しやすくなる

さて、個人投資家はベンチマークをどのように役立てることができるでしょうか？まず、自分の資産運用をベンチマークで表してみることによって、運用の内容、特にリスクを把握しやすくなります。たとえば、預金と国内株式とを半々にお持ちの方は、預金とＴＯＰＩＸを半々に持った状態を自分の合成ベンチマークに決めることで、自分の運用のリスクがどれくらいの大きさになっているか把握しやすくなりますし、実際の運用の出来不出来をより正確に計測することができるようになります。もちろん、こうしたチェックは、商品購入後のパフォーマンス評価にも役立ちます。

また、たとえば投資信託のような商品に投資する場合、その商品のベンチマークを把握し理解できているかどうかで自分の理解度をチェックすることができます。たとえば外国株で運用されるファンドを買う場合に、そのファンドのベンチマークが①何という名前で、②中身はどんなもので、③そのリターンをどうやって（たとえば新聞

やホームページのどこで）調べたらいいのか、ということが他人に説明できるくらい分かっていなければ、あなたはその商品を十分に理解していません。分からないものは買ってはいけないのでしたから、これは便利なセルフ・チェックの方法です。

ルール16

株価指数を知り
パッシブ運用に注意しよう！

パッシブ運用は分かりやすさと低コストが長所ですが、
株価指数自体の変化に注意が必要です

日経平均は、単に「記録」だけではなく、私たちの「記憶」にも残っている株価指数です。筆者も、昔のことを、日経平均の水準と一緒に思い出すことがあります。

しかし、たとえば昔の日経平均の水準と、現在の日経平均の水準を比べることで株価全般の水準を比べようとしているとすれば、大きな問題があります。一つには、二〇〇〇年の四月に行われた日経平均の銘柄入れ替えによって、日経平均の水準が株価全般の動きとは別個の要因で一割以上もずれてしまったことです。

具体的には、銘柄の入れ替えが発表されたときの日経平均は二〇四三四・六八円でしたが、計算対象となる銘柄の入れ替えが完了した四月二一日（金曜日の終値）には二〇〇〇円以上下落して一八二五二・六八円になっていました（一〇・六％強下落）。この間、東証株価指数（ＴＯＰＩＸ）は、一六五三・七〇から一六三四・一二に、ほんの約一・二％程度下落しただけです。入れ替えが終了した後にも多少の影響が残った（新規に入った銘柄は高い株価で入ったので、その反動が出た）ので、この時の銘柄入れ替えでは、入れ替えによって指数が一割以上下ブレしています。

また、このときの日経平均の入れ替えは、二二五銘柄のうちの三〇銘柄を入れ替えたのですが、株価の高い銘柄が多く入ってきたこともあって、内容的には五一％強が一気に入れ替わるものでした。

2004年4月の日経平均銘柄入れ替えで、株価指数はこんなに動いた！

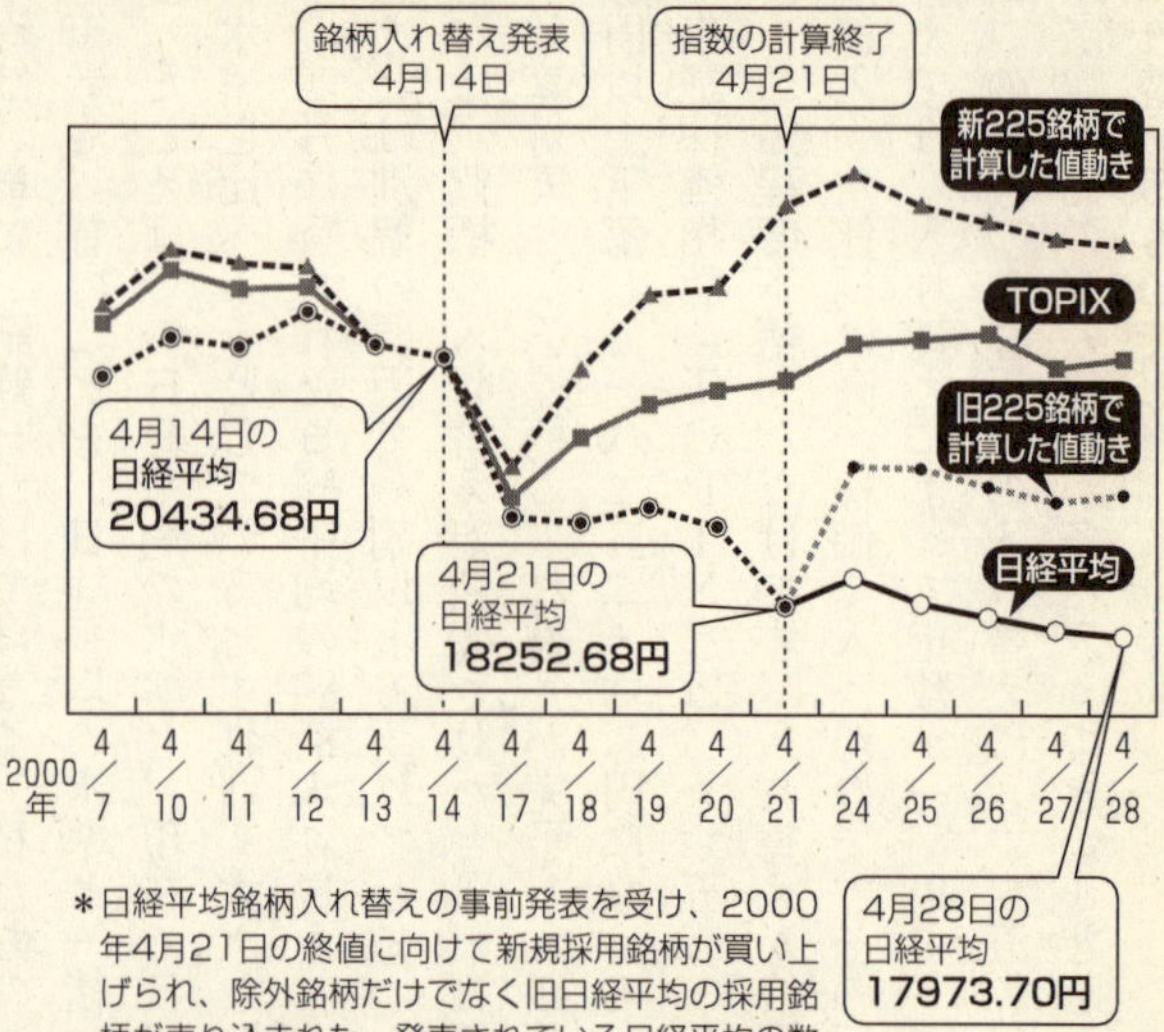

＊日経平均銘柄入れ替えの事前発表を受け、2000年4月21日の終値に向けて新規採用銘柄が買い上げられ、除外銘柄だけでなく旧日経平均の採用銘柄が売り込まれた。発表されている日経平均の数値は21日までは旧日経平均に、24日以降は21日までの反動が出て不利だった新日経平均に連動することになり、指数の値は市場全体の動きとは関係ない銘柄入れ替えの影響だけで2500円（推定）程度動いた…。

二〇〇〇年の四月を境に、日経平均は前後で中身が大きく違うことと、指数のレベルも不連続に一割以上（当時の数値では二〇〇〇円以上）入れ替え要因でズレていることに注意が必要です。従って、たとえば、二〇〇〇年四月を間に挟む長期の株価を見る場合に、日経平均を使うことは正しくありません。株価の動きをグラフで分析するチャーチストなどで、平気でやっている人がいますが、あれはどういう神経なのか疑問です。気をつけましょう。

インデックスファンドやＥＴＦはしばらく見送る方がよい

二〇〇〇年の日経平均のように大規模ではなくとも、銘柄入れ替えの際に、株価指数が下ブレすることが多くなっています。株価指数に連動するように運用するパッシブ運用（またはインデックスファンド）と呼ばれる運用資金の動きを、株式市場の参加者（主に証券会社の自己取引です）が利用することによって起こるものですが、小規模な銘柄入れ替えの際にも小幅ながらたびたび観察されています。パッシブ運用の資金は、売り買いする銘柄と株数とタイミング（指数の入れ替え日の終値）を市場にさらしているために、市場の参加者にその動きを利用されるようになっています。

ここで問題なのは、日経平均やTOPIX（東証株価指数）などに連動することを目的とするインデックスファンドの投資家は、銘柄入れ替えがある度に、見えにくい形で損をする公算が大きいことです。

本書の前身『お金がふえるシンプルな考え方』（二〇〇一年一〇月刊）では、指数の銘柄入れ替えの問題が少ないTOPIX連動型のパッシブファンド、特に信託報酬の安いETF（上場型投資信託）を運用の有力な選択肢として取り上げていましたが、TOPIXは二〇〇五年の下期に浮動株指数化といわれる大幅な内容変更（三段階に分けて実施予定。詳しくは東京証券取引所のホームページで確認してください）が予定され、その後も、構成銘柄のウェイトが株主構成の変化によってかなり動くことになりそうです。こうした指数の構成銘柄やそのウェイト変化の影響が今後どのくらいになるかは分かりませんが、場合によっては、アクティブファンドの信託報酬（近年、年率一・五％くらいのものが多い）に匹敵する損をインデックスファンドの投資家が被る可能性が出てきました。

インデックスファンドは運用の中身が分かりやすく、運用手数料が安いので、個人投資家にとっても有力な運用手段だったのですが、当面、日経平均連動型もTOPIX連動型も避けた方がいいという見解をとりたいと思います。

それにしても、パッシブファンドの資金は手数料も安く、売買も発生しにくいので、証券界にとっては儲けにくい対象でしたが、株価指数自体を変動させることによって、トレーディング益を稼ぐという方法を発見し開発したのですから、証券界の逞しさには、改めて感心してしまいます。

ルール17

外貨投資は立派な〝投機〟です！

為替リスクは「投機のリスク」なのだ、と認識しておきましょう近年、円の低金利に加えて日本経済への悲観論に勢いがあり、外貨預金をはじめとする外貨投資に根強い人気があります。マネー運用の入門書の中には相当の比率で（たとえば運用資産の三割くらい）外貨運用を勧めるものもあるようです。

たとえば、将来他の国に比べて日本だけがインフレになった場合、円安で儲かる運用が有利なことは分かります。しかし、絶対に儲かるとは限りませんし、相当のリスクを感じるのも事実です。少なくとも債券に投資するような感覚で、外貨預金などで為替リスクを取ることには「危ない」と感じないわけにはいきません。

また、債券、株式、不動産などへの「投資のリスク」と、為替リスクはリスクの経済的な性質が違うという点の理解も重要です。

たとえば、読者が銀行に円を持ち込んで一〇〇万ドルのドル預金を作るとすると、銀行は為替市場で一〇〇万ドル相当の円を売ってドルを調達します。もちろん、その後は円高になると損をする為替リスクを読者が負うことになりますが、為替市場の取引の相手方はちょうど同じ大きさで反対方向の（円安になると損をする）リスクを同額だけ負っています。少なくとも、実質価値（インフレ率を調整した）に関する限り、両者の損得の合計はゼロになります。

つまり、**大まかにいって為替リスクは、リスクを負うけれども、市場全体のリター**

ンの合計はゼロのリスクであり、市場参加者が、お互いの見通しの違いに賭けているリスク（つまり「投機のリスク」）だということです。

これに対して株式投資のリスクは、何らかの生産活動に使われるはずの資本（元手）を提供するリスクなので、理論的な世界では、時間も必要ですが、リスクに見合ったリターンが期待できるリスクであると考えられます。分かりやすくまとめると、為替リスクは基本的にゼロサム・ゲーム的な「投機のリスク」であり、株式投資のリスクは「投資のリスク」だといえます。細かな話をすると、マクロ的には、経常収支の累積分だけ合計をゼロにできない為替リスクが存在しますが、このリスクに対して必ずしもプラスのリターンが存在するともいえないので、投資家の立場では「為替リスクはゼロサムのリスクだ」と考えておいていいと思います。

しかし、困ったことに、為替リスクについても株式投資などのリスクのように「理論的には、リスクに見合った追加的なリターンが期待できるはずだ」と誤解する人が相当数いるようです。ベストセラーになったある経済学の入門テキストなどにもこうした誤解が堂々と載っています。

日本のプロも含めて投資家は、長年円高に苦しんできたにもかかわらず、他の先進国に比べて外貨投資に熱心です。日本人によく見られる「外国」への劣等感の裏返しのような感じがしなくもありません。特に、個人投資家の場合は、機関投資家のように為替ヘッジが手軽に行えるわけでもないので、為替リスクについてはもっと慎重であってもいいように思います。

「円高になったら外貨で使えば損にならない」。こういった負け惜しみに共感しないこと

個人投資家にぜひ注意していただきたい点が二つあります。

まず、**外貨預金の期待リターンは「基本的には」円預金と変わらないはずだ、ということを認識してください。**見かけの外貨建ての金利をそのまま期待リターンだと思ってはいけません。だいたいプロ同士のマーケットで期待リターンにハッキリと差がつくような為替レートで取引ができているとすると不自然ではないでしょうか。

次に**「円高になって、外貨預金で損をしても、海外旅行などで外貨を使えば損にはならない」といった愚かな負け惜しみに共感しないことです。**

こういう気休めをいうアドバイザーを信用してはいけません。円高になっていれば、その時に円を外貨に替えるとより有利なのですから、損は損と「負け」を素直に認識することが必要です。

まして、為替の賭けを拡大して損を取り返そうとすることは大損への第一歩といっていいでしょう。

ルール18

不動産の投資価値を正視しよう！

不動産についてもリスクとリターンをシビアに考えましょう

かつては、不動産こそ資産形成の王道でした。九〇年代の初頭までは、サラリーマンも早く家を買って資産を形成することが推奨されていました。

また、古くは、預金・株式・不動産に財産を三分せよと説く「財産三分法」という考え方がありました。もっとも**財産を三分しても家が買えるくらいのお金持ちでなければ不動産は買うな、という意味では「財産三分法」は今でも良い考え方です。**

しかし、多くのサラリーマンが、場合によっては借金を差し引いた全財産よりも大きな家を買って（つまり債務超過で）ローンの重圧に苦しんでいます。

さて、**投資対象として不動産を考える場合、買う・買わずの判断の基本は株式と一緒です。その不動産が生む経済価値でリターンを予想し、予想されるリスクと比較します。**リターンに関する判断の基本は、不動産に投資する金額に対して、経費（これが結構大きいが）を差し引いた家賃収入がどの程度見込めるかという予想を比べることです。予想家賃の利回りといってもいいと思いますが、これと将来の家賃の成長率を足したものをごく大まかには不動産投資の予想収益率とみていいでしょう。将来の家賃の予想が難しいなら、まずは当面の家賃利回りを考えるといいでしょう。

「自分で住む家については別だ」と考えたくなるかも知れませんが、基本は同じことです。自分で住む場合に、借家なら大家さんに払うはずの家賃の利益部分が節約になるかも知れないという違いはありますが、固定資産税や修繕費がかかりますし、不動産物件の投資リスクについては完全に投資として考えなければなりません。

そうなると、次の問題は不動産投資のリスクの大きさです。

不動産投資のリスクに関する客観的なデータはあまり整備されていませんが、たとえば東京都心の三区（千代田・中央・港）のオフィス物件に関する一九七一年から一九九七年の二七年分の投資収益率データから推計したリスク（年率の一標準偏差）として一六・七五％という数字がありました（川口有一郎著『入門不動産金融工学』ダイヤモンド社）。これはこの時期の株価（ＴＯＰＩＸで見た）のリスク約二三％よりは小さいのですが、現実に個人が買う不動産に関しては、もっとリスクを大きく見込むべき理由がいくつかあると思います。

まず、前記の数字は、都心三区のオフィス物件の平均から計算したもので、いわば分散投資された不動産のリスクですが、多くの場合個人が買う不動産は特定の場所にある特定の一物件であって、リスクは大幅に拡大するはずです。株式と違って、不動産の場合簡単に分散投資することができません。加えて、家計の全資産に占める比率も過大に（つまり集中投資的に）なりがちです。

不動産の期待リターンも、株と同じくらいは欲しい

また、不動産は、上場株式と比較すると、売買にかかるコストも大きいし、売買の流動性も著しく小さいといえます。加えて、個別の物件に関して良し悪しを判断することは、不動産の専門家でない個人にとっては非常に難しいでしょう。こうした要因を考えると、不動産には、大雑把にいって株式投資並みの期待リターンが必要だろうと思います。

「節税対策に」などとサラリーマンにもセールスされている不動産投資案件（投資用マンションなど）の経費差し引き後の予想利回りは、現時点ではせいぜい五％程度であることが多く、またＲＥＩＴ（不動産投資信託）の配当利回りとして提示される数字も三％から四％程度のようです。率直にいってリスクを考えると低いと思います。

投資用マンションにしてもＲＥＩＴにしても、売り手業者の利幅が大きいので、リスクに見合ったリターンを平均的に確保するのは難しいだろうと思います。

ただし、たとえば安価な競売物件などを競り落として、自分で安くリフォームの手配をして賃貸に回すといった、ビジネスとしての不動産賃貸業としてなら、ある程度

の利回りが期待できる投資物件があると思います。しかし、これは本格的な大家さんをビジネスとして行うということであり、生やさしいものではなさそうです。

マンションへの投資はこんなにも儲けにくい！

典型的なマンションの経済価値について述べてみたいと思います。

投資用マンションの場合、販売用価格のざっと三割くらいは業者の利益部分だろうといわれています。たとえば、四〇〇〇万円のマンションを買うと、仮にすぐに売却しようとした場合の経済価値は二八〇〇万円くらいしかないということです（この点に関しては、大きな買い物なので、少なくとも購入時には自分で調べて分かっている必要があります）。

物件の価値は、もちろん時とともに下落します。二、三経てば、半額の二〇〇〇万円くらいということではないでしょうか。さらに「ローンを払い終われば自分のものになる」と言われている二〇年、三〇年先の時点では、マンションの建物は大幅な修繕や建て替えを要するようになっていて、価値は限りなくゼロに近づいているでしょうし、猫の額ほどの土地の区分所有権もさしたる価値がないでしょうし、それ自体を単独で有効に換金することは難しいでしょう。結局、スラム化した老朽家屋に我慢して住むか、購入時の支出に近いくらいの費用をまた負担して建て替えるか、という選択になりそうです。

しかも、負債の側、長きにわたるローン期間中の金利負担もバカにはなりません（正確には市中金利よりも高いローンのスプレッド部分の金利が問題です）。

たとえば四〇〇〇万円のマンションを買った瞬間の経済効果を、ルール6でご説明したような家計のバランスシートの形で表現すると、資産の側に二八〇〇万円が入りますが、負債の側は四〇〇〇万円のローンを債券価格のように評価すると、ざっくり二割は大きく評価されるでしょうから、長期負債の価値として四八〇〇万円がのしかかります。つまり、四〇〇〇万円の不動産投資（全額借金の場合）には、差し引きでは、二〇〇〇万円ものマイナス効果が自己資本に対してあるということです。

REIT（不動産投資信託）は金利上昇するときが大変

近年の低金利と首都圏の不動産価格の底入れ的な動きなどもあって、REITがミニ・ブーム的な人気を集めているようです。これまでのところ、三、四％の配当利回りを実現しているファンドが多いようで、この調子が今後も続くなら目下の金利と比較して魅力的な投資対象かも知れませんが、果たしてどうでしょうか。

せっかくのミニ・ブームにケチをつけるわけでもないのですが、REITについて、二つ心配な点があります。

まず、たぶん登場直後は、REIT業者が、その後のお金集めを目指すために割合いい物件を組み入れて、成功例を意図的に作った可能性があります。八〇年代の生命保険会社が変額保険を登場させたときの感じ、といえば、分かる人には分かるでしょう。しかし、本当に収益率の高い不動産物件であれば、不動産会社自身が持ちたいでしょうし、自分が持ちたくないなら売却しても早く高く売れるはずですから、理屈上は、これをREITに入れることに関しては注意が必要です。物件が、市場で売れる価格よりも高く入っている可能性があります。それに、不動産会社として、自分が抱えている不動産の在庫をREITに入れて処分したいという考えが存在することは当然ではないでしょうか。少なくとも、そのような状況が生じる可能性はあるでしょう。不動産物件の価格は上場株式のように透明ではないので、そのような操作は可能なはずです。不動産業者は情報を持っているけれども、REITの投資家側はそれほど情報を持っていない、という**情報の非対称性への心配**が第一の心配です。

もう一つの心配は、ＲＥＩＴが借り入れを行って不動産投資の利回りを嵩上げするとともに大きなリスクを抱え込んでいることです。

たとえば、不動産投資の諸費用差引後の実質的な利回りが四％だとします。これでは、手数料を仮に二％差し引くと、投資家への利回りが小さくなります。そこで、たとえば一〇〇億円の資金を集めたＲＥＩＴが、もう一〇〇億円借り入れを行って、投資するとどうなるでしょうか。ここで、金利が二％であれば、一〇〇億円のファンド元本に対する利回りは六％になり、ここから手数料を二％差し引いても、投資家に四％配当できます。

この状態で、不動産価格が下がらず、金利が上がらなければいいのですが、たとえば**金利が急上昇すると**、①借入金利が上昇してファンドの利回りが下がる、②家賃の上昇が追いつかない場合には金利の上昇は不動産価格の下落につながる、③他の金融商品と比べたＲＥＩＴの魅力が低下してＲＥＩＴが売られる、という**三重苦に見舞われる**ことになります。もちろん、一〇〇億円の元本に対して、実は二〇〇億円相当の不動産投資のリスクを取っているのですから、**本来は、リターンも二倍でなければ割が合いません**。

現在、不動産市況の改善にＲＥＩＴそれ自体が大きな役割を果たしている面もあるようなのですが、ＲＥＩＴの潜在的な投資リスクが大きいことについてご注意申し上げておきたいと思います。

ルール19

生命保険はできるだけ節約しよう!

できるだけ生命保険に加入しないこと。
本当に必要な保険にだけ泣く泣く加入する

ルール1で書いたように、**「売り手が取っている手数料が分からない商品は、買わない方がいい」という原則は、ほぼ例外なしに有用です。この原則に照らして、できるだけ近づかない方がいい商品として生命保険をあげることができます。**

生命保険に対して支払う保険料は、「純保険料」といわれる保証や貯蓄に回すために必要な保険料と、「付加保険料」といわれる営業活動や生命保険会社の維持費など、つまり保証や貯蓄には使われない保険料の合計として計算されています。しかし、**困ったことに、付加保険料はまったく開示されていません。**筆者は生命保険会社の運用部門に二度ほど勤めたことがありますが、通常の保険商品の付加保険料は社内でも見たことがありません。投資信託が、信託報酬やファンド内の売買手数料まで開示しているのに比べて、**生命保険のように損得判断の難しい複雑な商品が、売り手の粗利を開示せずに売られていること自体が、消費者保護の観点から不適当ではないでしょうか。**

粗利が開示されていないので、推測するしかないのですが、生命保険の付加保険料は支払っている保険料の二割から五割くらいのようです。これは、投資信託などの金融商品の一ケタ上の水準です。

たとえば『週刊東洋経済』の九七年一〇月一一日号に載っていた「生命保険原価の

秘密」というタイトルの表によると、三〇歳加入で期間三〇年のケースで、付加保険料は養老保険が二一・六%、終身保険が二八・七%、定期保険では四八・二%にも及んでいます。その後の環境の変化や、商品の変化、業界内の競争などで、商品ごとに付加保険料の占める率は異なると思われますが、**一般的な保険に関する限り保険料の「三割、四割はあたりまえ」といった比率が、保証にも貯蓄にも使われていないのです。**これは「暴利」ではないでしょうか。この推測に文句のある保険会社は、販売商品の付加保険料を明示して売って下さい、と申し上げておきます。

なお、外資系の生保の場合、高齢になった時の死亡保証を削減するなどの形で不要な保証を省いて魅力を作っているものが多いようですが、付加保険料は手厚く取っているようですし、必ずしも割安なわけではありません。

生命保険にはできるだけ加入しない。
本当に必要な保険にだけ泣く泣く加入すること

生命保険とは、端的にいえば「損な賭け」なのですから、心がけるべき原則はハッキリしています。**つまり、できるだけ生命保険に加入しないこと、本当に必要な保険にだけ泣く泣く加入するということです。**

生命保険会社や保険会社に近いファイナンシャル・プランナーは、たとえば一家の主人が死んだ場合の必要保証額を非常に大きく計算する傾向があります。しかし、残された家族も働けることが多いでしょうし、親類が協力し合うことも可能です。国民年金の遺族年金の給付もあります。また、親から相続する財産もあるでしょうし、もちろん、本人か家族に金融資産の蓄えがあれば、他人の援助を受ける必要がないことも多いでしょう。必要保証額の前提条件を疑ってかかりましょう。

よく、生活費の二年分程度を早く貯めるようにといわれますが、そうしておくと、これだけ莫大な不利のある生命保険に加入せずに済む点に大きな価値があります。

ともかく、**①新入社員の頃から出来るだけ生命保険には入らない（オフィスの新人は狙われます）、②安易に契約の転換をしない（不利な条件になることが多く、大きな手数料がかかる）、③不必要と思われる保証部分は早めに解約する**、といった生命保険の節約が重要だと覚えておくと得なことが多いはずです。そもそも、通常、独身の新入社員が生命保険に入らなければならない事情はまずありません。オフィスの先輩が、自分が入っていることもあり、保険会社のセールス担当者との人間関係もあって、新入社員をセールス担当者に紹介しがちですが、まずこの悪習を絶つべきです。

では、どのような場合に生命保険が必要かということですが、たとえば頼れる親類も資産の蓄積もない若い夫婦に子供が出来てしまったというような場合に、ある程度の期間、掛け捨ての定期保険に入っておくといいだろうという程度のことでしょう。その他には、相続対策で生命保険が利用されることがありますが、これはお金持ちの節税策であり、ぜひ必要だというものではありませんし、ここでは触れません。

なお、多くの場合、**契約の初期二年間くらいは営業活動見合いの費用（つまり手数料）を集中的に取るので、数年おきに契約内容を変えると大損になります。**短期間で解約した生命保険の解約返戻金がスズメの涙ほどしかないのはそうした事情によるものです。

また、近年、投資型年金保険とか個人年金保険といった「年金」を強調する呼び方で、変額保険を積極的に売るようになっていますが、これは、小さな保険がついているもの（たとえば契約期間中に契約者が死亡した場合に払い込んだ保険料が満額返ってくる）、実質的には投資信託と考えてよく、投資信託よりもトータルで見た手数料が高くなるものが多く、しかも初年度では六％や七％といった高い解約手数料を設定して資金を囲い込むような性格の商品が多いので、お勧めできません。

本項では、生命保険会社にとって喜ばしくない話ばかりを並べたような感じですが、日本の多くの生命保険会社の、高コストの営業活動で利益率の高い商品を売るビジネスモデルは明らかに限界に達したように思います。

生命保険は、日本人にとって、家に次ぐ大きな買い物だといわれることもあるくらい普及しているのですが、それだけ、**生命保険料を節約（出来ればゼロに）することで、得られる経済的なメリットは大きい**ということです。

ルール20

新種の投資商品はお金の流れとコストに注目！

アイドル・ファンド的な投資対象ではお金の保管・用途・分配と手数料を考えましょう

近年、新型の「ファンド」的運用商品がいくつか現れて、話題になっています。映画やゲームソフトなどの制作費に投資して後の収入から分配金を受け取るもの、ラーメン店に出資するもの、さらにはアイドルのキャンペーン費（たぶん）を負担して、写真集やＤＶＤが売れた場合に分配金を受け取る通称「アイドル・ファンド」と呼ばれるようなものも登場して話題を集めました。アイドル・ファンドについては、今までに二回募集がありましたが、投資対象となったアイドル数人の中からプラスの投資収益を生んだアイドルは残念ながらまだ出ていないようです。しかし、アイデアの面白さが受けたのか、大いに話題となり、マスコミへの露出を宣伝費に換算すると、ファンドで集めた金額の何十倍にもなったのではないかとも思えました。

さて、たとえば、アイドルの写真集とＤＶＤ売上の一定割合を収益金として分配するといった金融商品に投資する場合には、何をチェックするといいのでしょうか。アイドルに限らず、この種の新型のファンドもののチェックポイントを考えてみました。

最初にチェックすべきは、払い込まれたお金の保管場所と使途です。

証券投資信託の場合は、信託銀行に資産が保管されて、運用会社の運用指図に従って主に有価証券に投資されます。たとえば運用会社が倒産しても、運用資産は保全されていますし、これを詐取するようなことは簡単ではありません。これに対して、新型ファンドが使う、たとえば匿名組合といった形式では、資産の保全に関しては投資信託ほど万全とは思えません。また、投資信託では原則として毎日資産の時価を基準価額として計算し、提供しますが、そういった情報提供もありません。この種のものが**投資信託と似ているからといって、これを投資信託と同一視してはいけません。**

それでは、たとえば匿名組合契約はどのくらい安全なのかということが問題になりますが、投資としてまじめに考えるなら、正しいアドバイスは「匿名組合を理解していない人は匿名組合に出資してはいけない」ということになります。

「保管」が一応大丈夫なら、次のポイントは資金の使途と収益分配の流れです。特に、何に対して、どのような形で収益が分配されるのかを正確に理解しましょう。たとえば、アイドルの写真集が何冊売れると幾らの収益になるのか、それは現実的にありそうな数字なのか、二冊目、三冊目の写真集はどんな条件の下で発刊されるのか（されないのか）といったことを正確に理解する必要があります。もちろん、選んだアイドルが売れなかった場合にはどうなるのか、といった**「失敗した場合」についても具体的な想像力をめぐらせておく**ことが肝心です。

アイドルの写真集やＤＶＤの収益予想は簡単ではなさそうです。写真集は、制作費や、とりわけ宣伝費に幾らかけてくれるかによって売上は大違いでしょう。この辺がきちんと定められているか、かつどの程度のリスクがあるかが問題です。

映画や過去に売れたゲームソフトの続編のような対象は、流通経路とお金のフローが幾らか分かりやすいとはいえます。筆者は、既存商品でアイドル・ファンドに一番近いのは、競走馬の一口馬主（これは似ている！）だと思いましたが、こちらの方が競争馬の扱い方や収入（レースの償金です）が透明な分投資しやすいと思いました。

新種のファンド商品でも、売り手側の儲けがいくらなのかは重要です

「保管」、「収益」、「（収益の）リスク」と見た後は、例によって「コスト」、即ち売り手の取り分（つまり、投資として有効に使われない金額）が重要です。払込金額の中から本当に投資に使われる金額は幾らで、仲介者や主宰者が取る手数料（当然ある）は幾らなのかが重要です。少なくとも投資として考える場合、「重要事項説明書」や匿名組合の契約書などをよく見て考えることにしましょう。手数料に対する感覚は人それぞれでしょうが、**この種のものの手数料は投資として考えるとあまりにも大きいことが多いので要注意**です。

また、「実質的な」手数料コストは、書類に記載されたものばかりとは限りません。一般論として心配すると、投資対象への支出に見えても、これが主宰者に環流する可能性があります。たとえば、アイドルなら、主宰者の関連会社である広告代理店にキャンペーンのための費用を払い込み、そこで代理店手数料が発生するようなことがあり得るかも知れません。アイドル売り出しのような複雑なビジネスで、素人がこれをチェックするのは不可能に近いでしょう。

最後に、こうした証券化商品を**仕掛ける側の「立場と意図」**が大事です。仕掛け人の側も、自分のお金を（本当に）出資してリスクを取るのかどうかも重要ですし、なぜ銀行借り入れでなく出資を募るのかについても推測する必要があります。普通に考えると、有望なプロジェクトへの支出なら銀行がお金を貸すでしょうし、また将来の収入が高い確度で見込めるなら、主宰者は自己資金で投資して、収益を独り占めしたいと思うはずでしょう。なぜ、そうならなかったのかを考えましょう。

アイドル・ファンドについて推測すると、その意図は、「話題作りと広告」だったのではないでしょうか。実際、珍しもの好きのマスコミが多数この作戦に引っかかり、時にピント外れの「識者」のコメントと共に多くの媒体にこのファンドが登場しました。話題作りの「仕掛け」として評価すると、鮮やかな大成功でした。

もっとも、資産形成のための投資として考えると、この種のものは、無駄なコストが多く、割が悪いものがほとんどのようです。

ルール21

返済に勝る運用なし!

ローン返済よりも有利な投資はまずありません。
ローン返済を優先しましょう

ちょっと頭をやわらかくして考えてみて下さい。

マーケットで値段がついているということは、その値段で売り買いできるということです。これは当たり前です。そして、いつでも売り買いできる状態で、プロ同士の取引で現在の値段がついているということは、マーケットの条件で売り買いするとその時点の評価としては「損でも・得でもない」ということです。

たとえば、株式市場で一株一〇〇〇円で取引されている株は、会社の成長性やリスクなどが評価された上で現時点の値が付いており、この値段で買ったり、売ったりする限り損でも得でもない、ということです。あるいは、資金市場で金利が二％なら、二％で預金をしたり、お金を借りたりすることは損でも、得でもありません。為替レートも、債券価格も同様です。マーケットで成立するフェアな価格で取引をするかぎり、将来の結果はともかくその時点では損得はありません。

ところが、現実に投資しようとすると、投資信託を買えば手数料がかかりますし、お金を借りる時の金利はマーケットの金利よりも高い金利になります。この「プロが取引するマーケットで成立する条件との距離」は、将来の結果の良し悪し以前に投資家が負う損、つまり〝コスト〟ということです。取引を行う時点で、結果は分からないのですから、この**コストによる損得と結果の良し悪しによる損得を混同しないこと**

が大切です。これは、金融商品の売り手の側に立つと、「これから株は有望です（だから、投信の手数料なんてたいしたことありません）」、「インフレになるとローンのご負担は軽くなります（だから、ローン金利のスプレッドはたいしたことありません）」という具合に、相場の獲得とコストを混同させつつ、相場の方に注意を引くとよい、ということになります。

個人がまず考えるべきことは、①自分が望むリスクとリターンの組み合わせを、②いかに事前の損、すなわち「コスト」を小さくして手に入れるかということです。

さて、たとえば時価三〇〇〇万円のマンションと二〇〇〇万円の住宅ローンがあって株式投信を二〇〇万円持っているキャリアウーマンがいるとして、彼女が三〇〇万円のボーナスをもらったとします。彼女は、この三〇〇万円で株式投信を買い増しして値上がりしたらローンの返済をしようと思っていますが、これは正しい選択でしょうか。彼女の言い分はこうです。「現在のローンの金利は三%だけど、株式はある程度のリスクはあっても八%くらいの期待リターンはあると思う。今の私は若くて収入もあるし、リスクを取っても大丈夫だから投信を買おうと思う」。

彼女のこの選択を先の「コスト」の面から評価すると次のようになります。たとえば、金融市場で成立している金利が一%なら、ローン金利三%との差の二%分が二〇〇〇万円のローン残高にかかります（年間四〇万円）。投資信託の信託報酬を一・五%と考えると、五〇〇万円×一・五%が継続的な費用としてかかります（七万五〇〇〇円）。もちろん新しく三〇〇万円買うファンドには販売手数料がかかるでしょう（三%ならば九万円）。継続的な費用だけでも年間四七万五〇〇〇円のコスト負担です。

ローンの返済は、リスクなしに高利回りで運用するのと同じ効果がある

彼女が三〇〇万円をローンの期前返済に回したとすると、ローン部分でかかるコストは二%に一七〇〇万円をかけて三四万円になります。二〇〇万円の投信をそのまま残したとしても年間コスト三七万円です。この場合、株式に対するリスクの大きさが変わりますが、もし、どうしても株式でリスクを取りたいのならば、あまりお勧めしたくありませんが、二〇〇万円の投信を解約して株価指数先物を買うことで実質五〇〇万円分の株式投信に相当するリスクをより安いコストで持つことができます（同じリスクでリターンを確実に改善していますから、専門的には一種の「裁定取引」です）。

ローンがありながら投信を買うのはコストの二重払い

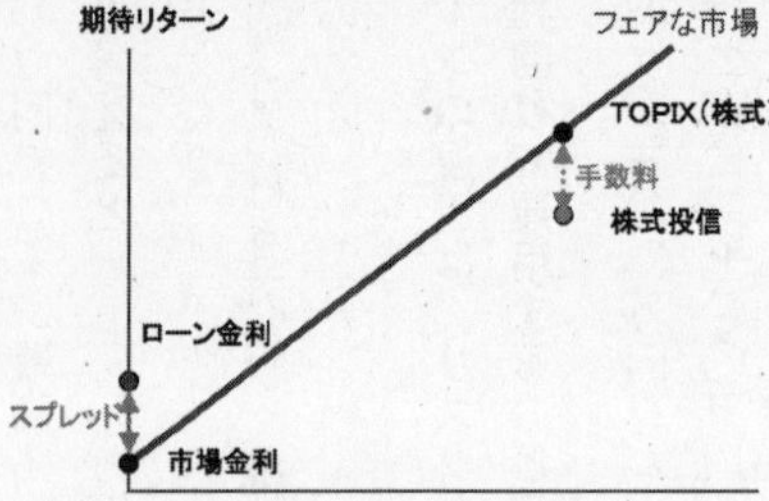

(※)フェアな市場の条件から、どれだけ離れずにいるかが大切。ローンをそのままに投信を買うような状態は、「スプレッド」と「手数料」の二重のコスト負担をしている。

加えて言えば、彼女のケースでは、たぶん資産の大半を占める不動産のリスクが大きいので、さらに株式のリスクを持っていることは適当ではないでしょう。たぶん、現在持っている株式投信も解約してローン返済に回すべきでしょう。その場合、コストは年間三〇万円に減ります。

借金の返済は、彼女のケースでいえば「三%の金利でリスクなしに運用できる」のと同じ効果がある、逃せないチャンスなのです。まして、借金をしたまま投信などを買うことはコストの二重払いなので、まったくお話にならない損なのだと思ってください。近年、銀行の窓口でも投資信託が買えるようになりました。仮に、住宅ローンがあることを知りながらお客さんに投信の購入を勧める銀行員がいたとすれば、こういう人物(あるいは銀行)はルール6で述べたように、悪魔か、そうでなければネクタイを締めた貧乏神のような存在なので、つき合うのをやめるほうがいいでしょう。

ルール22

コストは〃確実な〃マイナスだ！

あやふやな期待リターンよりも、確実なコストに対してシビアになろうたとえば、いくらか楽観的に過ぎるような気もしますが、日本株の期待リターンが年率一〇％あると考えて、これが毎年実現すると考えてみます。運用の結果はどうなるでしょうか。計算上、一〇年後の運用資産額は当初の投資額の二五九％、二〇年後には六七二％にもなります（小数点以下切り捨て。以下同じ）。長期の複利運用の効果は絶大です（単なる数学的な事実ですが、意外な大きさとお感じになる方が多い）。

ところで、リターンを一％下げて、年率九％にするとどうなるでしょうか。一〇年後には二三六％、二〇年後には五六〇％です。二〇年後には一〇〇％以上の差がついている計算になります。さて、この数字は、たとえば「ファンドの中身は一〇％で運用できていても、手数料を一％取られると、長期では非常に大きな差になる」と読みかえることができます。ちなみに、二〇年という期間は、退職後の生活資金のための運用を考えると特別に長いわけではなく、むしろ短いくらいの期間です。

それでは「中身が一〇％で運用できる」として、手数料が〇・五％の場合と一・五％の場合、嘆かわしいことに最近では投資信託で二％を超える信託報酬を取るものもあるので、二％の場合について、二〇年後の資産額を計算してみました。それぞれ、六一四％、五一一％、四六六％です。〇・五％の手数料でも相当の負担になりますし、一・五％とか二％といった暴利を取られると、非常に大きな負担になります。

何パーセントの利回りで、何年運用するといくら、という数字を計算した表を「終価表」といいますが、終価表は、長期の複利の効果に感心するためだけのものではなく、手数料コストの大きさを実感するために読むのだ、と投資教育の初期段階で教えるべきだと筆者は思うのですが、いかがでしょうか？

さて「毎年一・五％や二％も取られるようなひどい商品には私は投資しない」と思う読者がいらっしゃればこれは頼もしい決意ですが、それだけでは安心できません。たとえば、信託報酬が〇・五％の投資信託を買ったとしても、これを二年間で解約して別のファンドに乗り換えて売買手数料を三％払うことを繰り返すと、常に信託報酬が〇・五％のファンドを買っていても、一年あたりでは一・五％の売買手数料を払う計算なので、合計では毎年二％払うのと同じです。これを、たとえば半年単位で乗り換えるとすると、信託報酬の他に毎年三％を二回払うことになるので、この数値例だとコストの合計は六・五％にもなり、一〇％の期待リターンがあるとしてもその約三分の二を貢いでいる計算になります。ばかばかしいと思われるでしょうが、日本の投資信託の投資家の相当数がこれに近いと思われます。もちろん、毎年必ず一〇％で運用できるはずもなく、リスクと損は常に顧客の負担です。

かつて、証券会社は、顧客にファンドの乗り換えを頻繁に勧め、顧客が損をして動かなくなるとしばらく休ませる、といった「焼き畑農業」のような営業をして批判されていましたが、将来、また復活しないとも限りませんし、銀行も安心できません。

コストには「一時的コスト」と「継続的コスト」がある

手数料のコストは通常二種類に分かれます。たとえば、投資信託なら、売買の際にかかる手数料のような「**一時的コスト**」と信託報酬のような「**継続的コスト**」です。一時的コストは、長期保有で売買を控えると、一年あたりのコストを抑えることができます。実は、これが、長期投資が重要であることの本当の理由なのです。

また、信託報酬のような継続的コストは目立ちませんが、一時的コストと違って長期保有で薄めることができないので、影響が甚大です。商品の選択にあたっては、継続的コストの影響が特に重要です。

なお、**ヘッジファンドのような成功報酬的な手数料なら「まあいいか」と考えるあなたは、まだまだ甘いと思います。**成功報酬はオプション価格理論を使って定額報酬に換算して評価することができますが（有名な「ブラック・ショールズ式」などを使って計算できます）、多くの場合決して安くありません。セールスマンやアドバイザーの力試しに、質問してみるといいでしょう。この種の金融商品は、機関投資家向けの商売がうまくいかなくなると、次には個人をターゲットにする傾向があるので要注意です。

運用の判断にあって「コスト」は決定的に重要なのですが、運用商品の売り手が提供する投資教育では、残念ながら十分に教えてくれないことが多いようです。自分で気をつけるしかありません。

ルール23

まずリスク、次にコストのチェックを!

運用商品の選択は、一にリスク、二にコスト、三、四がなくて五に好き嫌い!

ルール22でコストの重要性を強調しました。コストの重要性にはあまり反論がないのではないかと思うのですが、たとえばマネー雑誌で投資信託をすすめるような（怪しい）方からの反論として予想されるのは次のような内容です。

「たしかに、手数料は重要ですが、それよりも運用内容が本当にいいファンドを選ぶことの方がもっと大切です。手数料だけを見てファンドを選ぶのは間違いであり、『安物買いのゼニ失い』になりかねません……」

この反論は、少なくとも言っている内容が論理的に間違っているようには聞こえません。しかし、これはルール21で述べた、当たり外れとコストを混同させる論法の一つですが、**「本当にいいファンドを事前に選ぶ」ことができてはじめて意味がある主張であることに注意が必要です。**

投資の世界ではこの種の議論がしばしばあります。たとえば「投資する銘柄選びよりも、売買のタイミングが大事だ」といった主張も、株価のグラフでも見せられながら説明されるともっともらしく聞こえますが、銘柄選びも良い売買タイミングを捉えることも甲乙つけがたく難しいのが現実なので、結局、具体的に役に立つアドバイスになっていません。

ファンド選びのケースでは、同類のファンドよりも将来の期待リターンが高いファンドを事前に見分けることができれば（できないのですが）、その期待できるリターンの差以下ならば余計に手数料を払ってもいいと考えられるでしょう。しかし、そうするためには、他の投資家よりも明らかに勝《まさ》ったファンド選択能力を持っていなければなりませんし、**いいファンドを選んだつもりが期待外れだったようなケースについても考慮する必要があります。**

たとえば五〇％の「いいファンド」は平均よりも三％期待リターンが高く、五〇％の「悪いファンド」は三％期待リターンが低い、といった状況を考えたときに、あなたはどのくらいの確率で「いいファンド」を選ぶことができるでしょうか。

たとえば自分は確率五五％でいけると考えると、つまり四五％は「悪いファンド」を選ぶということです。差し引き計算すると、これは、自分が「いいファンド」だと判断したファンドに関して、ならしてみると平均よりも〇・三％いいだけだ、ということです。しかし、投資家の平均的なファンド選択的中率は五〇％のはずですから、この五五％という数字は相当に強気の数字です。失礼ながら、他人の推奨を参考にファンドを選ぶような人にこんなに立派な能力があるようには思えません。

同じカテゴリーの、いいファンドと悪いファンドで、平均との差がそれぞれ三％といった数字はまずまず現実的な大きさですが、この場合に、的中率五五％という強気の仮定を立てても、平均よりも〇・三％高いコストを吸収できないのがシビアな現実だということです。他方、セールスの立場では、「プラスマイナス三％」（上下で六％も違う）に顧客の注意を集中させて高い手数料のファンドを売ればいいということになります。

投資信託の世界には明らかに投資家の自信過剰がある

実際には洋の東西を問わず、手数料の高いファンドを買う投資家はいますが、彼らはスポーツのファンのように楽しみ、あるいはファン心理でファンドを買っているか、自分はいいファンドを事前に選ぶことが出来るという自信過剰に陥っているかのいずれかだといえるでしょう。**投資家のこの種の自信過剰は「オーバーコンフィデンス」と称されて近年流行の学術研究のテーマですが、投資信託の世界には明らかにオーバーコンフィデンスが存在しています。**

日本に限らず、アメリカにあっても（様々な調査があります）プロの運用成績の平均は市場平均並みか、これを若干下回る程度が多いのが現実ですから、広範なオーバーコンフィデンスがなければ、投資信託というビジネスが成立するようには思えません。考えてみると、ファンドマネジャーという職業は、他人よりも運用がうまくなければ存在意義がありませんが、他人よりも運用がうまいことが確実であれば他人のお金よりも自分のお金を運用するのが自然ですから、微妙なバランスの上に成り立っている仕事です。現実の運用ビジネスの世界は、①良いファンドというものがある、かつ②これを事前に見分けることが可能だ、という実際には成立の怪しい二つの仮定を信じ込ませて顧客にファンドを売る、マーケティング主導のビジネスがその本質だといえます。

運用商品を選ぶ場合に、コストの差は事前に分かり、確実です。多くの場合、運用に対する評価（主に期待リターンの評価）よりも、コストの差の方が評価の要素として重要なのです。

もっとも、運用商品の大きなリスクが裏目に出たときの影響は甚大なので「**商品選択は、一にリスク、二にコスト、三、四がなくて五に好き嫌い」と覚えておきましょう。**「好き嫌い」とは、理屈上は投資家の期待リターンに関する判断のことですが、期待リターンを予想することは難しいので、これは自分の好き嫌い程度の要素に過ぎないと謙虚に考えておくのがよろしいという意味を込めてみました。

良心的なマネー・アドバイザーはファンドを推薦しない

運用能力の事前評価は極めて難しいというのは動かしがたい事実です。ただ、マネー運用についてアドバイスする人にとって都合の悪い話でもあります。

金融機関のセールスマンやファイナンシャル・プランナーなどマネー運用に関するアドバイザーで、良心的な人かそうでないかを知識も含めてテストする一つの方法として、「(たとえば）日本株のアクティブファンドで良いファンドはありますか？」と質問してみる方法があるでしょう。

「〇〇社の×××ファンドは運用内容がいいのでお勧めです」と平気で答えるような人物は信用できません。

「△△△ファンドは、過去三年の成績が優秀で、投信評価機関のレーティングも良い」などと、責任を回避しながら話を逸らす人物も信用してはなりません。

「事前に良いファンドを見分けることは不可能ですよ」と正直に答える人物こそが信頼すべきアドバイザーです。

いい加減な人達はたとえば「私は個々の顧客に合った商品を勧める」とか「自分の

責任で勧めている」とか「(投信評価機関などの) 専門家もファンドを評価することがある」などと言い訳するかもしれませんが、そもそも知識がないか、自分の能力を客観的に評価できないか、顧客やメディアに頼まれると(使う側にも問題がありますが) その場しのぎで答えてしまう人物かのいずれかです。

お金の問題は、好みによるとしか言えないものもありますが、商品評価のような問題は前提を明確にすると損得の観点から答えは一つに決まります。「いろいろな意見がある」で済ませられるものではありません。大いに気をつけて下さい。

ルール24

投資に必勝法はない!

必勝法が役に立たない理由が分かると
投資への理解が深まります

書店で、株式投資をはじめとする資産運用の解説コーナーを見ると、実に多くの「ものすごく儲かりそうな気にさせてくれる本」が見つかります。しかし、そういう本はある種のエンターテイメントなのだと心得て真に受けないようにして下さい（本書はサービス不足で申し訳ない！）。

しかし、必勝法の深みにはまる投資家は後を絶たないようなので、必勝法が役に立たない典型的な理由を説明しておきたいと思います。なお、このルールはすこし難しいかも知れません。**素直なアナタは、「儲かる方法を他人に教えることは経済合理的でないから、他人に教えてもらった必勝法が本当に有効なはずがない」と心から思っていれば十分**なので、以下は飛ばしても大丈夫です。

まず、科学的にまともに見える必勝法の論理構成は、①過去を見ると、……の関係が発見された、②……という形で、過去のデータに当てはめると、統計的にもこのような素晴らしい結果が得られた、③したがって、これは将来にも有効なはずだ、という体裁をとります。こうした統計的論証が将来の参考として有効なのは、過去と将来で環境が本質的に変わらない場合です。しかし、実際には、過去と将来では投資の環境が大きく変わっていることがしばしばあります（むしろ、その方が多いくらいです）。将来は過去の単純な延長ではありません。

もっとも、最近の必勝法本は、統計的な体裁を取って根拠を説明せずに、単なる自慢話（しかも、これが事実でないこともある）が根拠になっていることもあり、これでは少々賢い読者にとっては、一時の読書の楽しみにすら役立ちません。

また、たとえば投資信託やファンドマネジャーの運用スキルを運用結果だけから推定するためには、「運用スキルの有効性は時間に関係なく一定だ」といった分析側に都合のいい仮定を儲けたとしても、統計的には何十年分ものデータが必要なことが多いでしょう。三年とか、五年といったデータで有効だったという話は統計的にはほとんど意味を持ちません。米国の成功した投資家などの過去の成功例を論証に使うケースでは、**別に優れた人でなくても、いろいろな投資家がいれば、何十人・何百人に一人は優れた結果を残すことになるはずだ**、ということを思い出して下さい。

過去の時点に利用可能だったデータだけをもとにその時々のポートフォリオを作る手続きを繰り返して、過去何年かのデータに基づいて有効性を検証するようなリサーチは、検証の方法としてはある程度現実的ですが、この方法でも、将来の時点から遡ってデータを眺めて何と何のどういう関係が有効だったか、という知識を過去時点で使っているので、完全に客観的とはいえません。

少なくとも「難しそう＝儲かりそう」ではないことに注意しよう

また、「最新の技術」とか「複雑なノウハウ」についても「最新」や「複雑」ということ自体が、儲けの可能性を示唆するものではないことに注意するべきです。いわゆる金融工学は理屈の構造からして「儲ける」ためのものというよりもリスクをコントロールする手段です。しかし、個人向けの運用商品では、しばしば実質的な手数料を隠すために使われています。少なくとも、「難しそう＝儲かりそう」ではないことにご注意下さい。

もっとも、「うまい話」にはプロも引っかかります。近年も、ノーベル賞学者の参加で話題になり後に運用が破綻した米国のヘッジファンド、**LTCM（Long Term Capital Management 名前自体がノーベル賞級のジョークでした!）**に、日頃はこうした商品で顧客を騙して大儲けしているはずの欧米の投資銀行（といっても単なる証券会社ですが）の幹部連中が「これは凄い！」とばかりに多額に投資していた（一部は個人の資産でも）というような痛快な実例がありました。**騙しのプロでも騙されることがある**くらいですから、「うまい話」には気をつけなければなりません。

ファイナンスの理論的研究の世界との関連では、伝統的な（いわゆる「金融工学」のような古い）ファイナンス研究では、理論的な関係式の多くが、「（誰もが）無リスクで儲けることは出来ない」という「無裁定」の条件を使います。

行動ファイナンスやそれ以降の新しい研究でも、ある方法で誰かが儲け続けることは出来ない（儲けるためには、損をしてくれる相手が必要だから当然）ということを明示的に取り入れたフレームワークが採用されるようになってきています。ほぼいつの時代でも投資家は一種類ではありませんでしたし、過去に有効だった投資手法が役に立たなくなったり、またしばらくして役に立つようになったりということが、頻繁に起こっていますから、異なる種類の考え方（投資手法）を用いる投資家に盛衰があるということを分析しようとするのは当然のことでしょう。

過去に成功した投資家のエピソードや、投資の手法について書いた本を読むのは、筆者も好きなのですが、**投資に関する必勝法には、ある状況において著者がこれを逃れてきたとしても、必ず何らかの「穴」があります。**

良くできた投資の必勝法本には、①これなら本当に儲かるかも知れないという一時的な「全能感」を楽しむことと、②どのような場合になぜその方法が失敗するのかという必勝法の「穴」を探すことと、二つの楽しみがあります。特に、②を理解するところまでいってはじめて、投資戦略の全貌が理解できているといえるのであり、③自分の投資戦略の参考として活用することが出来るものなのだと考えましょう。

ルール25

テクニカル分析は役に立たない!

テクニカル分析は少なくとも単独では役に立ちません

株価などの値動きをグラフに描いて分析して将来を予想しようとする行為を「テクニカル分析」と称します。ちなみに、これに対する言葉は「ファンダメンタル分析」であり、株式投資でいえば企業に関する調査や財務諸表の分析などを指します。

実は、**筆者は、テクニカル分析がほとんど役に立たないと考えている**のですが、証券会社の投資教室的な場をはじめとして、マネー誌（証券会社の広告が一杯入っている）などでも、**投資の初学者にテクニカル分析を教えることがしばしばあり**、そこそこの人気を集めているようです。逆に、年金運用をはじめとして、**プロの運用の世界では、多くの場合テクニカル分析はまともな運用の手法としては相手にされていません**。両者のギャップは興味深い問題ですが、本項では、テクニカル分析が有効ではないと筆者が考える理由について、直截に述べてみたいと思います。

いささか過激な結論を先に述べると、「テクニカル分析を研究する人がいても構わないが、これを投資初心者に教えることは有害だし、まして、マネー誌などで個人向けの投資アドバイスをチャートに基づいて行うようなアドバイザーは人間のクズだ」と筆者は思っています。

まず、有効性を科学的に論じようとする場合には、個々のテクニカル分析手法の有効性の立証責任はテクニカル分析側にありますが、きちんとした手続きで論文に書かれて有効性が立証されているテクニカル分析手法は、筆者の知る限り存在しません。ファンダメンタル分析の側では、収益予想の変更と株価の動きのイベントスタディーやPERやPBRがリターンにもたらす効果など多数の研究論文があり、将来のリターンを予測する上で常に有効というわけではありませんが、過去のリターンの理解に対して有効であり、部分的には将来のリターンの予測に対しても有効だと論じられるような手法や議論が複数あり、少なくとも有効性をテストする手続きが存在します。

こうした手続きがないにもかかわらず、テクニカル分析を初学者に教えたり、投資相談にテクニカル分析をもとに回答したりするなどということはまったく良心的でないと思います。例えば、カルチャーセンターに星占いの講座があってもこれが単なる占いとして教えられる限り構わないと思いますが、これを人生相談やビジネス、あるいは政策の決定に使うのは問題でしょう。初心者向けの投資教育にテクニカル分析（チャート分析）の講座を設けることは不見識だと思います。

「価格にはすべての情報が含まれている」というのは嘘

テクニカル分析信者が有効性の根拠としてしばしば述べる「すべての情報は価格に

反映しているので、価格の動きを分析すればいい」というのは嘘です。たとえば、近年、欠陥車のリコール隠しで批判され業績が傾いた三菱自動車の株価だけを見ても、同社の業績・実態が、なぜ、どのように「火の車」なのかは分かりません（製品も「火の車」だったようですが）。株価の動きは情報のごく一部に過ぎませんし、株価の動きだけでは過去の株価の動きさえ理由を説明できません。**過去の株価の動きの解釈と将来の推測には、収益予想の変化など「より重要な情報」が明らかに必要です。**

多くの人がテクニカル分析を使っているから有効ではないか、というのも根拠のない推論です。ある宗教に信者が多数いるから、その宗教の教義が正しい、ということにはならないはずです。

株価の動きには人間の心理が関係するという意見もテクニカル分析をサポートしません。人が買値にこだわり、株価によって人の感じ方・行動が異なることなどは、行動ファイナンスが教える通りですが、これは行動ファイナンス自体を知識として持っている方が事態を有効に解釈できます。それに、**株価の動きだけが、人間の心理に影響すると考えるのは人間の理解として貧しい**のではないでしょうか。

短期の動きに関してはテクニカル以外に有効な方法論がないという意見も、有効性自体を直接に立証しない限り無意味です。**他の方法が有効でないことが、別の方法の**

有効性の証明になるわけではありません。

チャート分析は、根拠の乏しい売買を誘発して売買手数料を稼ぐために証券業界が普及に努める「**手数料製造装置**」でもあります。思い切って捨ててしまっても、投資家にとって何ら不都合はありません。

ルール26

売買は合理的に！

売り買いに関する俗説に注意して、合理的に割り切って考えよう

ビギナー投資家にぜひ覚えておいて欲しいのは、**運用の本質は基本的に「持っている状態」であり、「頻繁な売り買い」ではないということです。**なぜかといえば、頻繁な売買はコストが大きくて不利だからです（それ以上でも以下でもありません）。

とはいうものの、「持つ」状態は「買い」で始まり「売り」で終わります。買い方・売り方が投資の結果に影響を与えることは間違いありません。また、洋服でもカメラでも時計でも（筆者はカメラや時計が大好きです）、しばしば使うときよりも購入するときが一番うれしいように、まして運用では損得のスリルが絡む分だけ売買自体に楽しみの要素があることも事実です。こうした事情もあってか、巷では株式や為替レートの売り買いに関するあやしい売買ルールがしばしば流通しています。医療でいうと、根拠のない民間療法が流行るような感じでもありますが、中には「療法」どころか有害なものもあるので注意して下さい。

たとえば、利食い売りの目標値段や損切りの目標値段をあらかじめ決めておいて、株価などがその値段になったら**相場観を交えずに機械的に売却するべきだといった「売りのルール化」**をよく目にします。「二〇％上昇したらいったん売ろう」とか「一〇％値下がりしたら損切りしよう」といった類のルールです。保有している株式などを「いつ売るか」というのはなかなか難しい問題ですが、お金が必要だから売るといった投資家の側の条件変化によるケースを除くと、理屈上、投資の意思決定としては、①期待リターンが悪化した（業績の悪化見通し、株価の値上がりなどによる）から売却するか、②リスクが過大になった（値上がりによるウェイト増大、投資環境の変化などによる）ことに対して調整するか、いずれかのはずです。そもそも、たとえば五〇〇円だった株が八〇〇円になったとしたときに、さしたる理由が何もなかったのか、それとも業績予想の大幅上方修正といった事態があったのかによって、投資の判断はまったく異なるはずなのに、これを「**あらかじめ決めておく**」**というやり方は合理的ではありません**。

しかし、前記のようなルールは、合理的ではないのですが、ストイックでまじめだと感心する人がしばしばいるようです。簡単に信じてしまわずに、この種のルールを勧める人の真贋とともに十分注意して下さい。

「人間の判断を交えない方がいい」のなら、そもそも、始めの時点で何を買うか判断していることが奇妙です。また、何らかのルールを決めてそれに従うのならば、ルールを決めるときにまとめて判断しているだけのことなので、新しい情報を加えて再度判断することよりも劣る理屈でしょう（なぜ、この程度のことが分からない人がいるのでしょうか）。

売買を分割することは
意味のない気休めでしかない

また、**意味のない気休めで、場合によっては有害なものに、投資タイミングを分散することがあげられます。**たとえば、株式やファンドを三〇〇万円買うときに「一〇〇万円ずつ三回に分けて買いましょう」といったことをすすめるアドバイザーが時々いますが、これは無意味です。分けて買うからといって、一度に買うよりも安く買えるわけではありません。分割売買を行うと、実質的には買うときにはリスクがゆっくり増え、売るときにはリスクがゆっくり減るだけのことです。これで損をするか得をするかは大まかには五分五分ですし、厳密には、ゆっくり買う間にチャンスを無駄にしているといえます。また、長期投資ではほとんどの期間は同じリスクを持っていることになるので、売り買いのタイミングを分散することには積極的な意味がないばかりか、株式などでは手数料が余計にかかる公算が大きいでしょう。要は、最高値を買ってしまうことはないだろうという気休めのためにコストをかけているということです。

プロのファンドマネジャーでも売買のタイミングを分散することがいいことだと思

っている人がいますが、株価に影響するような大きな株数を売買する場合以外には意味がないはずです。マネー雑誌などで、(情けないことに)プロが投資タイミングの分散などといって、単なる気休めを勧めることがあるので注意して下さい。

本書をここまでお読みの読者は、すでにそうは思っていないでしょうが、**運用の世界では、プロが必ずしも立派ではないことを覚えておいて下さい。**

ルール27

あなたとプロの条件は五分五分！

投資の世界では、今やプロとアマチュアに条件の差はほとんどありません本書を読んで、自分の株式ポートフォリオを作った個人投資家がいるとします（ぜひ、いてほしいものですが）。彼（彼女）が、たとえばプロのファンドマネジャーに対して競争意識を持つことは無謀でしょうか。あるいは、プロの運用パフォーマンスと彼のパフォーマンスはどちらが優れたものになるでしょうか？

結論からいうと、**おそらく彼（彼女）の運用結果は、上下のばらつきこそ大きいものの、たとえば平均的な投資信託のパフォーマンスと比較した場合に、ほぼ五分五分ではないかと思います。**

それでは、たとえば株式のポートフォリオを真剣に運用しようと思った時に、プロと素人ではどの程度の条件差があるのでしょうか。

まず、プロの方が運用金額が大きいので、分散投資の効果を十分に使うことができるでしょう。ただし、これはプロの運用のようにベンチマーク（ＴＯＰＩＸ＝東証株価指数など）に対するリスクを細かくコントロールしなければならない場合には重要なポイントですが、リスクの絶対的な水準を下げるためだけであれば、アマチュアの数銘柄か十数銘柄くらいの株式投資でも十分です。たぶん大きな差にはならないでしょうし、この点は、筆者が本書で、投資信託よりも自分で投資するスタイルをお勧めする理由の一つです。

売り買いに関しては、固定手数料の時代には大きな金額を売買するプロの方が有利な面があったかも知れませんが、手数料が自由化されて、インターネット経由で取引できる証券会社が価格競争をしている今日では大きな差にはなりません。むしろ、大きな金額の売買が株価に与える影響がマイナスに働く分、プロの方が不利かも知れません。まして、プロの場合、顧客の都合による資金の出入りに対応しなければならないという大きなマイナス要素があります。

投資情報に関する格差は今やほとんどありません。インターネットを使える投資家であれば、現在すでにプロの株式ファンドマネジャーが一人で処理している以上の量の情報をほとんど無料で手に入れることができます。多くの場合、運用会社内のアナリストの情報はリターンの役には立っていませんし、ましてたくさんの人が読む**証券会社のアナリスト・レポートを読めることはまったくといっていいくらいアドバンテージにはなりません。**この点は、企業がＩＲ活動に注力し、また投資家に対して重要情報は同時に開示しなければならないという適時開示ルールが徹底されるようになって、ますますそうなっていると考えられます。

ネットにつながったPC、『会社四季報』「日本経済新聞」で投資情報は十分間に合う

筆者は、かつて株式のファンドマネジャーをしていたことがありますが、**インターネットとパソコンにマイクロソフト・エクセル等の一般的なソフト、『会社四季報』、「日本経済新聞」といった装備で、ほぼ不足なくかつてと同じような運用ができると思います。**情報によってはかつてよりも改善しているものさえあります。

あえていえば、株式ポートフォリオのリスクに関する計算を行う「マルチファクター・モデル」と呼ばれるツールが欲しいところですが、厳密なリスクコントロールを要求されないのであれば、インターネットで利用できる各種データとマイクロソフト・エクセルで何とか工夫できると思います。

ちなみに、**インターネットの二〇分遅れの株価は大きく不利な材料にはなりません。**リアルタイムで株価が見えても、将来の株価が見えるわけではないので、最新の株価が気にはなるものの、時間の遅れ自体がハンディキャップにはなりません。もっとも、この点はネット証券に口座を開けば、かつては投資家が閲覧できなかった板情報まで含めてリアルタイムの情報が利用できます。

ちなみに、ファンドマネジャーには決算期があるからプロが不利だという人が運用機関などにいますが、決算期に対応してリターンを操作できるわけではないので、これは気分的なものだといえます。もっとも、気分的なものではあっても、アマチュアが有利な要素です。

プロの本来の大きなアドバンテージとして、運用に割ける時間が豊富だということがあるかも知れません。ただし、これも**プロが時間を有効に使っているかどうか疑問な面もあります**し、社内の会議（！）や、顧客への応対などに勤務時間の大半をとられるケースが多々あります。

総合的に考えて、信託報酬を払わなくていいこともあり、運用パフォーマンスの上で、素人の運用条件は投資信託とならば最低互角ではあると思います。

元ファンドマネジャーとして愚痴を一つ言わせてもらうと、もともと、運用のプロという商売は、結果において「運のいい素人にはかないっこない」ところに泣き所があります。仮定の話として、もし筆者に非常に優秀な弟がいて、彼が「ファンドマネジャーの仕事をしたい」と言ったとすれば、筆者は兄として、「お前はせっかく優秀なのだから、その優秀さがもっと確実に生きる世界に進まないともったいない」と反対するような気がします。

経験豊富で優秀なファンドマネジャーであっても、来年の運用成績がいいかどうかは本人にも分かりません。「では、実際の運用パフォーマンスでどっちが優れているか比べてみよう」と素人に言われたとして、勝てるかどうかは本人にも分かりません。

読者はせっかく素人なのですから、大いに張り切って運用にチャレンジしてみて下さい。

ルール28

株は予想の変化とPERの二つでOK!

株式投資は高級な楽しみ。
銘柄評価の基本は予想利益の変化とＰＥＲの二つ

この項目では、著者が株式投資の入門者に必要だと思い、書きたいことの中で特に株式の個別銘柄の評価について重要だと考える「最小限にしてかつ重要事項」をひとわたり書いてみようと思います。

さて、本書の他のルールは、投資の初心者が無難に運用ができるように、運用商品の売り手にだまされないように、また誤った投資常識に影響されないように、という観点から書かれています。基本的に、①リスクは小さい方がいいし、②コスト（主に手数料）は節約するべきで、③自分を過信するな、ということが書いてあります。

あえて、個別株への投資を勧めるのには、三つの理由がある

ところが、個別の株式への投資では、リスクが大きいことが多いでしょうし、特に対面営業の証券会社を使うと売買コスト（手数料）は高くなります。また、個別の株を研究するからといって投資家が急に賢くなるわけではないし、リターンが増えるわけでもありません。しかし、**それでも、著者が個別株への投資をお勧めしたい理由が三つあります。**

まずは、**個別株への投資がそれ自体として面白いからです。**もちろん、リスクを十

分に見込むことが必要ですが、**ゲームとして、知的興味の対象としてこんなに面白いものはめったにありません。人生は面白くなければいけない（と著者は思う）ので、これは重要な理由です。**

次に、**個別株に投資する場合には、手数料コストがハッキリしている**ことをあげたいと思います。株式を売ったり、買ったりしているうちに、投資信託を買うよりも多くの手数料を払ってしまうようなことが（投資としては下手ですが）あるかも知れませんが、一体いくら手数料を取られているのかということが自分で明確に把握できますし、もちろん自分の意思で売り買いを控えて手数料を節約することができます。投資信託の手数料は本書で何度も問題にしていますが、たとえばＥＢ（他社株転換権付債券）とか生命保険などのように実質的に一体いくら手数料を取られているのか分かりにくくて、多くの場合投信並以上の手数料がかかる商品よりも、個別の株式の方がずっと透明でサッパリしています。知らぬ間に取られる手数料より、分かって払う費用の方がいいと読者もお感じになるのではないでしょうか。

三番目の理由は、**個別株への投資が、投資家の自己責任を実感させてくれる**からです。どのような投資でも原則として自己責任なのですが、個別株への投資の場合、損をしたとしても投資銘柄と売買タイミングを選んだのは自分だ、ということが明らかです。もちろん、多少の幸運で気持ちが舞い上がったり、不運で必要以上に自信を喪失したり、ひねくれたりといったことはありますが、こうした試練も含めて自己責任の感覚を養うことは重要です。

この点に関して、付け加えると、「自分は負けている」あるいは「自分が間違えた」という事実を率直に認められる感覚がとても重要だと思います。実社会でも、失敗することに慣れていないために、必要なリスクを取ることができない方や、意地を張って失敗を認めずにかえって大失敗をする方をしばしば見かけます。株式投資あたりで、小さな失敗の練習をしておくのは悪くないトレーニングです。

補足すると、バブル崩壊後十数年経って株価が大幅に下落し、同時に投資家はリスクに対して敏感な状態であり（今後これが修正されると株価にはプラスです）、他方で企業は立ち直っていることもあり、現在の環境が株式投資に悪くないという、多少の相場観があることを正直に付け加えておきます。

「いろいろ理由をあげているけれど、お前は株式投資が好きなのか？」と問われれば、著者は正直に「そうです」と答えますが、教科書的には、手数料が安く、中身が分散投資されていて、内容が明らかな株式ファンドを購入することも悪くはありません。本書の前身『お金がふえるシンプルな考え方』（ダイヤモンド社、二〇〇一年一

○月刊）では、ＴＯＰＩＸ型のＥＴＦ（上場投資信託）をお勧めしましたが、ルール16でご説明したように、指数の内容変化に伴う取引でインデックス・ファンドの投資家が不利を被るパターンが確立されつつあり、目下、この選択肢はお勧めできません。他方、ネット証券の売買手数料はいよいよ下がり、また最小投資単位の金額が引き下げられたこともあって、投資金額が少額でも、十分な分散投資効果を得ることが難しくなくなってきました。総合的に見ると、運用の選択肢として、個人が個別株に直接投資することは（複数銘柄にリスク分散して投資することが前提ですが）、以前よりも一層お勧めできる選択肢になったと思います。

株式投資には、二つのステップがある

個人が株式に投資する場合に、大まかにいって二つのステップがあります。個別の株式の評価と、複数の株式の組み合わせです。

以下では、個別の株式の見方について、基礎的なポイントを説明します。株式投資は、極めようとすると奥の深い世界ですし、現実の企業や株式市場に関する知識やデータがある程度以上ないと理解が先に進まない分野でもありますが、**重要なポイント**

を最小限理解した上で、リスクを抑えた状態で始めてみて、経験を蓄積するといったアプローチをお勧めしたいと思います。

幸い、市場で形成される株価は、プロも含めた投資家同士が「売ってもいい」、「買ってもいい」と思って成立した価格ですから、何らかの意図を持つ可能性がある、証券会社や情報屋さんの勧めにしたがって買うのでない限り（ここが大事ですが）、素人が買っても（売っても）その時点で不利だということは少ないはずです。

リスクを抑える方法で最も簡単な方法は投資金額を抑えることです。たとえば、一銘柄だけ持っているという状態のリスクは、有名企業の株式であれば、分散投資された投資信託などの二倍くらいだと思うといいでしょう。

試験のたとえをまた持ち出すと、「運の偏差値五〇」に相当するケースのリターンがともに一〇％であるとすれば、「運の偏差値三〇」に相当する最低の状態がTOPIXではマイナス三〇％（一標準偏差＝偏差値一〇に相当するリターンが二〇％ということ）、これが個別の株式だとマイナス七〇％（偏差値一〇相当が四〇％。一〇％から四〇％の二倍を引いてマイナス七〇％）というくらいの見当です。もっとも、うまくいった場合（たとえば運の偏差値七〇に相当する場合）には、TOPIXが五〇％、個別株が九〇％のリターンという計算になります。

個別企業の株に投資する際には七つの手順を踏もう

さて、個別企業の株式を買おうと思ってから投資にいたる手順を、簡単にまとめてみました。

①興味を持つ
②ＰＥＲを見る
③増益率を見る
④ＰＥＲと増益率を同業種の他の銘柄と較べる
⑤過去の利益予想の変化と株価の変化を比較する
⑥出来高を見る
⑦他の持ち株との関係を考える

といった手順です。順に説明しましょう。

まず、いずれかの企業に興味を持つことです。身の周りにある目についた製品の企業でも結構ですし、知り合いが就職した企業やそのライバル企業などでも結構です。

あるいは、後の手順で同業の他社と比べるので、何らかの業種に興味を持って、その業種に属する銘柄をまとめて調べてみるといったことでもいいでしょう。この段階では、何らかの「きっかけ」があればいいのですが、できるだけ自分できっかけを見つける方がいいということと、お勧めの方は特に最初の銘柄はご自分の会社ないしはそのライバル会社でない方がいいということを申し上げておきます。

ライバル会社がダメなのは、多くの場合、同じ業種に属する企業の株価は同方向に動きやすいので、たとえば富士通の社員がNECの株を買ったとした場合、富士通の業績が悪くなる場合にはNECの業績も悪くなってNECの株価も下がる公算が大きいので、お勧めしにくいということです。

さて、**興味を持った企業が見つかったら、次に現在の株価とPER（株価収益率）を調べます**。新聞の株価欄にも出ていますし、インターネットのマネー・ポータルサイトで調べてもいいでしょう。

PERとは、一株あたりの利益（純利益が五〇億円で、発行株数が一億株なら、一株あたりの利益は五〇円です）で現在の株価を割り算した数字です。一株利益が五〇円の会社の場合、株価が一〇〇〇円ならPERは二〇倍ということです。「××倍」という単位で呼ぶのは、株価が一株利益の何倍か、という意味合いです。一株あたりの利益は、通常「現在の決算期の予想一株利益」を見ます。たとえば、二〇〇五年の九月の時点で、三月決算の会社に興味を持ったとすると、二〇〇六年の三月期の予想一株利益を見ます。インターネットでも調べられますし、『会社四季報』『日経会社情報』を見てもいいでしょう。

ＰＥＲは株価が割高か割安かを判断する指標として代表的なものですが、もちろん他にもいろいろな指標があります。しかし、これが一番ポピュラーでかつ無難だろうと思います。また、先回りした知識になりますが、どんな銘柄、どんな状況でも常に最も優れているといえる単一の指標があるわけではありません。**入門段階ではＰＥＲだけで十分**だと思います。

ＰＥＲの具体的な意味について補足すると、投資した金額を投資先の会社の純利益（株主のものだと考える）で回収するためには、何年かかるかという倍数と考える考え方があります。先ほどの例だと、今年の予想利益と同じ利益が続くならば、投資金額を回収するためには二〇年間かかるということです。

もう一つの考え方としては、**ＰＥＲの逆数を利回りのように考える見方があります。**「**益利回り**」（利益の利回りという意味）とも呼ばれますが、たとえばＰＥＲが二〇倍であれば五％です（一÷二〇＝〇・〇五。つまり五％）。これと預金や債券などの利回りを比べてみるといいでしょう。この場合、利益が増えないまでも絶対に減らない（そんなことはまずあり得ませんが）ということならば、たとえば一％に満たない預金金利と比べると非常に魅力的な（割安な）株価水準、即ち良い投資対象、という判断になります。しかし、通常、利益は変動し、即ちリスクがあるので、益利回りが預金金利よりも高ければそれだけでいいというものではありません。

また、将来の利益の見通しも重要です。将来、利益が増加することが相当の確度で見込めるならば、現在の利益で考えたPERは高くてもいいと考えられます。一般に**「予想される利益成長率が高い銘柄は、現在のPERが高くてもいい」**といえます。この場合、問題は「予想される利益成長率」を把握することが簡単ではないことです。

将来の利益成長率は、個々のケースによっていろいろですが、投資家は今年や来年の成長率からイメージを形成することがしばしばあるので、まずは足もとの予想数字を見ておきましょう。利益成長率は『会社四季報』の利益（予想）の数字からでも、インターネットでも見ることができますが、後の手順を考えると『会社四季報』を用意しておくといいでしょう。見るべき利益の数字は理屈通りに「連結の純利益」を見るといいでしょう。経常利益の方がトレンドを見やすいとか、単独で見た方がいい会社もあるとか、営業利益や売り上げも一緒に見た方がいいとか、細かなことをいいだすときりがないのですが、最初は大雑把でいいでしょう（徐々に分かってくるので）。昨年度の決算実績と今期の予想、今期の予想と来期の予想のそれぞれ伸び率を見ます。

ちなみに『会社四季報』についてお勧めは、ＣＤ－ＲＯＭ版です。ＣＤ－ＲＯＭ版は値段が高いのですが、過去分も含めて書籍版四冊分のデータを手軽に見る（後の手順で必要になります）ことが出来て便利です。

さて、ここまでの段階で、たとえばＰＥＲが二〇倍、利益成長率が今期は五％、来期は一五％、などと数字が集まっているはずです。利益の成長やビジネスのリスクについては、業種で共通の要因が働きやすく、また、共通のイメージを持たれていることが多いので、同様のチェックを**同業種の似た銘柄**について行います。

たとえば、住友不動産に興味を持った場合には、三井不動産や三菱地所も調べる、ホンダに興味を持った場合はトヨタや日産も調べるといった具合です。

大まかにいって、①ＰＥＲは利益成長率が大きい方が高く、②同じような利益成長率だとすれば一流と思われる銘柄の方が高いといった傾向があるはずです。②の傾向に関しては、より一流の企業の方が、利益変動に関するリスクが小さいと投資家に評価されているという解釈と、市場シェアやブランド力、あるいは技術などで優位にある銘柄は将来の潜在的利益成長力が大きいはずだという評価をされているという解釈の二通りが可能です。

ともかく、ここまでの比較で、あなたが興味を持った銘柄の株価が割高なのか、普通なのか、割安なのか、といったことが大まかに分かることが多いと思います。

現在の株価が割高であっても、現在市場の参加者に予想されていない好材料が近い将来に現れれば、多くの場合株価は上がります。ただ、一般論として、PERがより高く、利益成長率がより低い、つまり株価が割高な銘柄は避けるほうがいいことが多いとはいえるでしょう。

将来の見通しをチェックしたら、
今度は「過去の時点の予想」を見よう

以上のチェックを通ってきたら、次に、過去の『会社四季報』の予想利益の変化に対して、株価がどう変化してきたかをチェックします。過去の株価の動きはインターネットで簡単に調べることができます。

ここで重要なのは、すでに発表され確定した過去の実績利益ではなくて、「過去の時点の（将来の）予想利益」を見ることです。株価は、その時点時点の将来の予想に基づいて形成されるわけですから、**過去時点での予想利益を見ることが必要なのです**。そのためには、過去二年分くらいの『会社四季報』は捨ててはいけませんし、CD－ROM版が便利だという理由もここにあります（四冊分のデータを閲覧できます）。

予想利益の変化と株価の変化を比べてみると、おそらく、株価の変化が予想利益の変化に対してイメージよりも素直に動いていることに驚くケースが多いのではないかと思います。株価というのは非合理的で怪しいもので、説明のつかないものだ、という印象はかなり払拭されるのではないでしょうか。他方、過去の『会社四季報』の予想利益を見ると、利益の予想、つまり会社の将来像というものが非常に不安定であることに同時に驚くかも知れません。

予想利益の変化と株価の変化の対応関係に関する評価もある程度感覚的なものにならざるを得ませんが、利益変化の程度に対して株価の変化が十分についていっていない感じのものが見つかることもあれば、株価が過剰に反応しているように感じられるものを見つけることもあるでしょう。一律にこう、というルールはありませんが、株式購入後に株価変動を理解する基礎にもなるので、情報の変化と株価の変化の対応関係を見ておくことを株式投資の基本動作としてお勧めしておきます。

ただし、一つのパターンだけ、PERと成長率による株価のチェックが割高で、かつ株価が過去の利益予想の上方修正に対して過剰に反応している（上昇している）ケースは、特別に素晴らしい理由（他人が知らない好材料を自分が知っていると確信できるような特別なケース）がない限り、投資を見送ることがいいケースが多いと申し上げておきましょう。平たくいえば、すでに市場で注目されていて、大いに値上がりしている株は避けた方がいいということです。今話題になり売買が盛り上がっている株よりも、これからそうなる可能性のある株に投資したいものです。

また、実際に投資する前に、最後のチェックとして、株価を見るついでに、株式の出来高（株式市場での取引株数のことです）を見て下さい。問題になるケースが二つあります。

一つは、取引が非常に不活発な株です。個人投資家の場合、取引量が小さいことが多いので実害にならないケースがありますが、売却する時に苦労することがあります。

もう一つは、株価が大幅に上昇していて、過去の平均的な出来高の何十倍もの出来高があるケースでは、株価が行き過ぎていることが多く、また少なくとも多くの参加者が注目している銘柄なので「特別なチャンス」は残されていない可能性が高いので、見送る方がいいことが多いでしょう。

ここまでチェックしてみて、「良さそうだ」と思えるのであれば、投資してみてもいいのではないかと思います。「この会社の株ならば長期保有してもいい」と確信が持てるならば後は決断の問題です（無理にでも投資せよ、とは申しません）。

投資する株数は投資可能金額（持っているお金と、リスクと両方の観点から考えて下さい！）、他の持ち株その他によります。

詳しくは次のルールで説明しますが、分散投資を考えると、個人の場合は一銘柄をたくさん買わない方がいいと申し上げておきます。あなたも含めて投資家の情報や判断力というのは残念ながらそう大したものではないからです（もちろん、プロもそうなのですが）。

買った株をチェックする簡単な方法は、予想利益の変化と株価の変化を追いかけること

さて、最後に、買った株式について状況をチェックする方法を簡単に説明しておきましょう。

基本は、予想利益の変化と株価の変化をずっと追いかけるということです。利益予想の変化は、会社が発表する業績予想を日本経済新聞の朝刊に載る「決算短信」の欄で見ていく方法もありますし、最近ではインターネットのホームページでアナリストの利益予想の平均値が見られることがあるのでこれを見るのが便利です（マネー・ポータルサイトの内容は割合頻繁に更新されているので注意して下さい。たとえば Yahoo! ファイナンスは、かつてアナリストの収益予想の平均値の推移を無料で見せており便利でしたが、本文庫版の執筆時点ではリサーチ・レポートの閲覧が有料になっています）。

もちろん、たとえば投資した銘柄がシャープであれば液晶関連のニュースを見るとか、住友金属鉱山であれば金価格のニュースに注意するといった関心の持ち方をすると楽しいでしょう。

ニュースと投資を結びつけるときには注意点が二つあります。

一つは、当然のことですが**ニュースの価値をたえず会社の利益への影響の大きさに関連づけて評価することです。**

もう一つは、見落としやすいのですが重要な点です。それは、たとえその会社の株価、つまり利益にとっていいニュースだとしても、**他人がよく知っているようなニュ**

ースなら、すでに株価に織り込まれている公算が大きく、そのニュースにあなたが知った時点から反応してもプラスになるとは限らないということです。真面目に考えると、他の投資家よりも優位な情報ないしは解釈力を持ち、かつそのことが確かめられるのでなければならないのですから、チャンスというものはそう簡単には手に入らないものなのだということがお分かり頂けるでしょう。

客観的に考えると、売買いずれにしても、他人よりも優れた情報と判断を持っていると確信できるケースはそう頻繁にあるものではありません。しかし、売買いずれにしても手数料のコストは確実にかかります。従って、頻繁な売買は株式投資というゲームをプレイする上で不利なのだということです。

「なるほど、それは分かる」ということなら、あなたは正しい理解を持ってスタートラインに着いたということです。最初に間違った癖（たとえばチャートを見て売買するような癖）がつくと後からこれを修正するのは大変ですが、シンプルで正しい基本を頭にインプットしておくと、あとは経験が増えるごとに、知識が身についていきます。徐々に経験と知識を増やしながら、株式投資を大いに楽しんでください。

ルール29

ポートフォリオは三銘柄から徐々に育てる！

まず三銘柄から、「ポートフォリオ」を徐々に育てていきましょう前項では、個別の株式の基本的な見方を説明しました。株式投資入門の次のステップは、**あなたの「ポートフォリオ」をどのように作り、かつ育てるか**ということです。運用の世界ではひとまとめに保有する複数の資産を総称して「ポートフォリオ」と呼びます。便利な言葉ですが、カタカナの字面と言葉の響きから難しそうに見えるため、一般の雑誌に原稿を書く場合に使うと、編集者に注意されることがあります。しかし、ポートフォリオという概念抜きに運用は語れません。

ポートフォリオのいいところは、リスクを小さくできることです。たとえば、株式一銘柄だけであれば、一年後のリターンの平均が一〇％あるとしても、「運の偏差値三〇」というくらいのほぼ最悪と想定される状態では、一〇％から八〇％くらい下がってマイナス七〇％くらいの事態が大いにあり得ます（リターンの年率一標準偏差が四〇％の銘柄の場合）。そこで、たとえばお互いにまったく独立の動きをする二銘柄を半々に組み合わせると、同じような最悪の事態に対して平均である一〇％からのマイナス幅が五五％くらいで済む計算になり、マイナス四五％くらいに踏みとどまることができます。この場合に、平均のケースでのリターン（期待リターン）は一〇％のままですから、一銘柄の場合よりも明らかに有利なリターンとリスクの組み合わせを持つことができます。このリスクの差は、たとえば年間に一〇〇万円の損失が上限だとする投資家にとっては、一四二万円しか投資できないか、一八一万円まで投資できるか、といった違いを生みますから、当然、期待できる収益の額に影響します。

現実の株式の場合は、業種がちがっても株式市場全体の上下に同時に影響されることが多いので、先の例ほどリスクが低下することはないと思いますが、分散投資を行うことでリスクを低下させることができます。前述のように、リスクを抑えられるということは、より大きなリターンを狙うことができるということです。

株式投資を始めた個人投資家がポートフォリオを作る場合は、**投資の比率がなるべく偏らないようにして、似た動きの銘柄を避ける**ことに注意するといいでしょう。

ライバル企業に投資することがリスク分散になると勘違いする人が時々いますが、たとえばアサヒビールとキリンビールはライバル同士であっても気候や消費者の嗜好の変化などによる株価の動きは同方向の場合が多いでしょう。また、投資の教科書には、しばしば反対の動きをする傾向がある資産を組み合わせてリスクを劇的に引き下げられるケースが載っていますが、現実にはなかなかそのような都合のいい組み合わせはありません。

まずは、異なる業種の三銘柄に投資しよう

ビギナーには、**できれば最初から異なる業種の三銘柄くらいにセットで投資することをおすすめします。**最初からポートフォリオの感覚で投資するということです。

たとえば、電気関係の銘柄に興味を覚えてソニーを選び、輸出関連ではない銘柄としてセブンイレブンを選び、電気でも消費でもない銘柄として薬品の武田薬品を選ぶとか、あるいは、公共株として東京電力、あるいは素材関連で三菱化学を選ぶ、といった調子で適当に最初の三銘柄を決めましょう。リスクの大きさという観点からすると、はじめのうちは東証一部上場の時価総額の大きな値動きの安定した銘柄の方が、JASDAQなどの銘柄よりも値動きを小さく抑えることができます。

その後、できればいずれの持ち株とも関係のない銘柄に投資して、**少なくとも同じ種類の銘柄を続けて買わないようにしながら銘柄数を増やしていけばいいでしょう。投資銘柄数が増えて、どれか一銘柄が大きく下げてもあまり気にならない、という心境になればいい調子です。**よほどのことがない限りすでに持っている銘柄を追加で買うのは下策です。もちろん、個々の銘柄の値動きを見ることは情報収集及びリスク管

理として重要ですが、個々の銘柄の買値は忘れても構いません(買値にこだわらないことは初心者には難しいと思いますが)。一銘柄単位の勝ち負けではなくて、持っているポートフォリオ全体の金額が重要です。

売りの判断基準は「買いの理由がなくなった時」

持っている銘柄を売るのは、基本的に、お金が必要な時を除くと、銘柄を買った理由、あるいは買ってもよいと思える理由がなくなったときです。たとえば、PERが一五倍で割安だと思って買った銘柄の株価が上昇してPERが三〇倍になってしまったとすると、今後に余程の利益成長性が見込めない限り「割安だ」という**買いの理由が解消しています。こうした場合には、売ることを考えてみましょう。**あるいは、予想利益が減少することによって、株価は下がっていても、PERが高くなることがあります。この場合も、「買いの理由」はなくなったので、売却を考えていいでしょう。

ただし、利益予想が上方修正されたことを理由に買った株など、割安ということ以外の理由で買った銘柄は、たとえば保有期間中に利益予想が下方修正されるなど、**当初の買いの理由がなくなった場合に、PERなどの「割安」を理由にまだ持っていて**

いい場合があります。手持ちの銘柄がどんな状況なのか把握しておきましょう。花壇を育てるような感じで、ポートフォリオをゆっくり育てていきましょう。本書の付録に、ささやかな具体例（私の個人投資）を載せておきましたのでご参考になさって下さい。

ルール30

投資の理論を敵に回さない！

投資理論を応用したマーケティングに
騙されないようにしましょう

本書は、個人が「避けられる損を避けて、合理的にお金の運用が出来るように」という目的で書いたものですが、本文中で、個人投資家や個人を相手にするアドバイザーがいかに多くの間違いをするものであるかについて多数例をあげました。

実は、**投資の判断にあって人間が多くの間違いを犯す**ことは、学術的な研究のテーマにもなっており、近年、主に**「行動ファイナンス」と称する分野で体系的に取り上げられています。**ところで、この行動ファイナンスは、本来、個人投資家が投資の意思決定を間違わないようにするための投資教育などに応用されるべきだと筆者は思うのですが、世間の様子を見ると、むしろ行動ファイナンスで研究されているような「間違いのパターン」が金融商品の開発やマーケティングに体系的に利用されているような印象を受けます。お金の世界で投資家が「間違いを犯す」ということは、要は投資家が「損をする」ということです。これは、誰かがその「損」をもとにして儲けることが出来ることを意味しますが、**どうもそうした「理論の悪用」が相当程度体系的に行われているように感じます。**

たとえば、各種の**毎月分配型の投資信託**は最終投資家にとって合理的な仕組みではありませんが、（判断力の弱い投資家が）これに魅力を感じてつい買ってしまいたくなるような要素を持っていることは、行動ファイアナンスの理論を知っているとよく理解できます。あるいは、有利な投資方法ではない「**ドルコスト平均法**」が気休めになることを利用して、積立型の運用商品を売り込むといった応用例もあります。

　これまで、理論の応用といっても、運用技術などに使って資本市場を相手にしている限り、常に儲かるというようなものではありませんでしたが、金融商品などを通じた広い個人顧客相手の応用（＝悪用）はどうやら安定的で大規模な収益を生むことに役立っている感じがします。儲けへの応用という意味では、経済学の理論的な研究として稀有な成功例かも知れません。

　このような理論の悪用は好ましくないことですが、これに対する根本的な対策は、理論自体の理解を広めることでしょう。つまり、**売り手が今後使うかも知れない理論を先にネタバラシしておくことが効果的**でしょう。

　しかし、理論、しかも新しい理論というと、難しいのではないかと尻込みされる方が多いかも知れませんが、幸い行動ファイナンスのエッセンスは複雑な数式抜きに理解できるものであり、また、それ自体が投資に興味を持つ一般の方々にとっても興味深い内容を含むと思うので、最後のルールとしてご紹介しようと思います。他の二九個のルールとは異質ですが、決して難しいことはないので、これまでの本書のおさらいも兼ねて通読してみてください。いわば本書の理論編です。

金融工学はもう「最新の理論」ではない

投資にご関心のある方の多くが、「行動ファイナンス」という言葉をお聞きになったことがあると思います。二〇〇二年には、行動ファイナンスの代表的な研究者である**ダニエル・カーネマンがノーベル経済学賞を受賞**したこともあり、日本でも、ここ数年幅広く紹介されています。「行動ファイナンス」という言葉そのものはお聞きになったことがなくても、「相場には人間の心理の研究が重要だ」ということは多くの投資家が感じておられるのではないでしょうか。行動ファイナンスは、簡単にいえば、認知心理学の研究成果をファイナンスの研究に応用したものです。

投資やファイナンスに関係した理論としては、数年前に「金融工学」と呼ばれるような分野（代表的な業績として、たとえばオプション価格を計算するブラック・ショールズ式など）が小ブームを形成したことがありましたが、「行動ファイナンス」は、時間的にはこれに続くより新しい理論といえます。「**理論は新しければいい」という ものではありませんが**、「金融工学」の枕詞に、「最新の」という言葉がふさわしくなくなっていることは、知っておいていいと思われます。どの理論がどう修正されるのかについては、まだハッキリした答えが出ていませんが、「金融工学」という言葉に象徴されるような伝統的なファイナンス研究の相当部分が、行動ファイナンスによって根本的に批判されているように思えます。

ファイナンス分野への認知心理学の応用は、「アノマリー現象」(これも株式投資家にはおなじみの言葉です)と呼ばれるような、「儲けるために役立つ」現象の解明から進んできた経緯がありますし、個人投資家レベルの行動の多くが研究対象になっていることもあって、個人投資家が知っておくと役に立つ種類の知識を含んでいます。

しかし、十数年前から今日までの「金融工学」がそうであったように(詐欺スレスレといっていい各種の仕組み債やEBなど不適切な金融商品がデリバティブの応用と称して横行しました)、ファイナンスの新研究は、素人が合理的に行動するためというよりは、プロが素人から儲けるための手段として広く使われる可能性があります。個人投資家のみならず、広く生活者は、**行動ファイナンスに関連する落とし穴についてポイントを知っておくことがいいでしょう。**

行動ファイナンスは過去二五年くらいの間に急速に発達した研究分野ですが、特に、ここ一〇年くらいの期間にあっては伝統的なファイナンス分野をしのぐ勢いを見せています。

行動ファイナンスは理論としては、①裁定（アービトラージ）の限界に関する理論と、②人間の非合理性に関する認知心理学的研究の応用の二つの柱を持っています（以下、主にアンドレイ・シュレイファー著『金融バブルの経済学』兼広崇明訳、東洋経済新報社刊の説明を参考にしました）。

「裁定」とはリスクなしに儲ける機会を利用し尽くすように取引を行う行為を指します。これが完全に行われることは、伝統的なファイナンス理論の構成にあっては、非常に重要な前提でした。たとえば、資本資産市場モデル（CAPM）や裁定価格モデル（APT）のようなポートフォリオを前提としたリスク資産に関する価格付けの理論や、オプション価格の理論なども、いずれも「裁定」、ないしこれよりもさらに厳しい条件である「市場の均衡」が前提条件でした。

しかし、現実には、市場参加者の持っている情報や判断力・計算力などの不完全性、さらには心理的な**バイアス**（バイアスとは「偏り」のことですが、意思決定における偏りを指します。行動ファイナンスの頻出単語です）の影響で、現実の資本市場における裁定は不完全であることを行動ファイナンスの研究が明らかにしました。

これは、**伝統的なファイナンス研究の理論構成に対してはかなり決定的な痛手です**が、現実には、伝統的なファイナンスほどに明快な理論で代わりになるものが十分に登場していないことや、大学の先生（米国のMBA講座の教師なども含みます）の交代がそう急には進まないことなどもあり、伝統的なファイナンス研究の結果をそのまま信じて実務にも使う専門家がまだ少なくありません。たとえば、M&Aなどの際にベータ値に基づく企業価値の計算を行うケースがまだあるようですが（CAPMの応用といえます）、はっきりいって、これは「単なる誤り」です。

裁定が個別のケースで完全に働かなくとも、①人間の誤りがランダムだったら市場全体は正しいのではないかとか、②誤った情報に基づいて行動する市場参加者は市場で淘汰されるのではないか、だから市場全体としては、伝統理論の前提は大まかに満たされているのではないか、といった伝統理論側からの希望的救済案がありましたが、①については、人間の情報処理が完全でないことと共に情報処理にはかなり明確な傾向を持ったバイアスがあることが明らかになりましたし、②についても間違った情報を持った参加者が必ずしも淘汰されないばかりか、かえって富を拡大させる場合もあること（「ノイズ・トレーダー」に関する理論）などが分かり、「裁定」の都合のよい部分を救済したいという伝統理論側の試みは今のところ成功していないようです。

金融市場での「裁定」が十分に働かないとした場合に、現実の投資家の行動や金融市場の振る舞いを説明するために、**主に人間の判断の傾向性を研究した認知心理学の成果をファイナンス研究に応用することが進められており**、いくつかの理論、あるいは基礎概念といえるような成果を生み出しつつあり、これが行動ファイナンスの前向きな貢献といえます。

最近多数登場している行動ファイナンスの一般向けの入門書の中には、行動ファイナンスを知ると、株式投資などで儲けることができるといったニュアンスで、あたかも行動ファイナンスの研究を投資必勝法の原理のように扱うケースがあります。

しかし、**行動ファイナンスの理論も通常の投資理論と同じで、誰でも知りうるし、応用しうる知識なので、これを知っただけで特定の人が（たとえば読者が）簡単に儲けることが出来るような種類の知識ではありません。**この点は、過剰な期待を持たないように注意が必要です。

行動ファイナンスは、市場の効率性の反証事例、たとえば低ＰＥＲ効果や低ＰＢＲ効果など、いわゆる「アノマリー現象」と言われるものに関する説明に心理学を援用するような形で研究されることが多かったので、「儲けるための理論」と言える面が若干はありましたが、この理論を応用して、投資そのもののパフォーマンスで稼ぐのはなかなか大変です（たとえば、低ＰＥＲ効果はこれが「効いている」期間が長くても、裏目に出る期間もありますし、将来の有効性が保証されるものではありません)。

「損」に対する過剰なこだわりに注意しよう(プロスペクト理論)

プロスペクト理論は行動ファイナンスの代表的な研究成果です。ノーベル経済学賞を取ったダニエル・カーネマンと共同研究者だったエイモス・トヴァスキー(残念ながら故人です)によって体系化された理論で、不確実な将来の意思決定において、人間が必ずしも合理的に行動しないこと、特に参照点といわれる自分が意識している点(たとえば株式の取得価格がしばしばこれになります)の上下で行動が変わることなどを説明しています。

プロスペクト理論のエッセンスを簡単にまとめると次の通りです。

①結果に対する価値評価は参照点よりも得した状態でプラス、損した状態でマイナスに評価されるが、一単位の損得の増加に対する評価の絶対値は、損得の絶対値が大きくなるほど逓減する。

(例)ある人にとってある株の買値である一〇〇〇円が「参照点」だとします。一〇〇〇円で買った株が一〇一〇円になることの一〇円分の喜びの増加は、一一〇〇円が一一〇円になる時の一〇円分の喜びの増加よりも大きく、これはさらに一二〇〇円が一二一〇円になる時の一〇円分の喜びよりも大きい…といった傾向があるということです。

②参照点付近の価値評価の変化は、参照点よりもプラスの領域の一単位の得よりも、参照点よりもマイナスの領域の一単位の損の方がかなり大きい。

（例）一〇〇〇円の株が一〇五〇円になる五〇円分の喜びのインパクトよりも、九五〇円になる悔しさのインパクトの方がずっと大きい、ということです。元本が参照点の場合、参照点よりもマイナスの領域では、元本の回復を強く願うということを意味します。

①と②をまとめると、次の図のような価値関数（Value Function）と呼ばれるグラフ（図）が描かれます。この歪んだS字のようなグラフは大変に有名です。

③将来の確率について、比較的小さな確率（たとえば〇・〇一とか〇・一）を過大評価し、大きな確率（たとえば〇・九）を過小評価する傾向があり、また、〇と一の近辺で価値評価が急激に大きく変化する（「絶対」への過大なこだわりといえるでしょう）。

図　価値関数

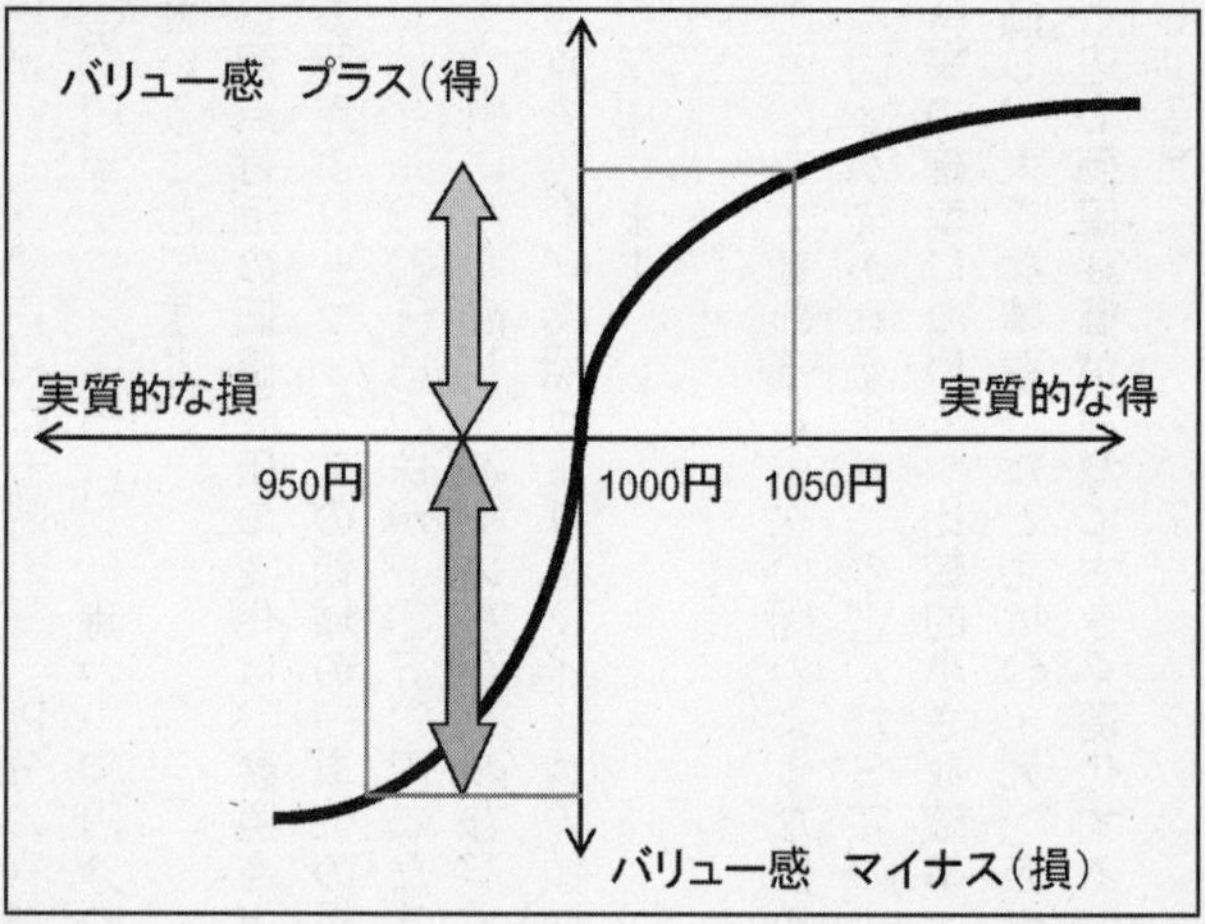

（例）現実には銀行破綻の確率が小さくても、預金保険の上限額を超えた預金について元利が保証されないことに対する補償を破綻確率に見合う以上に大きく求めたい気分になる。つまり、絶対安全の「絶対」に強くこだわる傾向がある。

プロスペクト理論で説明できるのは、たとえば**投資家の投資元本へのこだわり**です。

たとえば、一般的な投資家は、一〇〇〇円で買った株が九五〇円に値下がりしたような状態では、客観的にその状態でその株式がそれほど有望と思えなくても、元本を回復する可能性に対する価値評価が高いため、「何とか一〇〇〇円を回復して欲しい。そうしたら売りたい」といった気持ちになって売却が遅れがちです。いわゆる「**損切り**」**が遅れがちな理由**がこの理論で説明できます。

また、**参照点のプラス側とマイナス側でリスクに対する反応が異なることも重要です**。たとえば自分の買値よりも持ち株の株価が値上がりしている場合には株価の変動リスクを嫌う傾向（これはノーマルなリスク回避です）がありますが、**買値を割っている場合には「損を取り戻せる可能性があるとして」値動きの乏しい状態よりも、大きな値動きのある状態を投資家が好む傾向があります**。これは、伝統的なファイナンス理論からすると、正しくないとされる判断です（少なくとも儲かっているときのリスク回避と一貫していません）。

損をしているときと、儲かっているときで、投資態度を変えずに、その時々に合理的に行動するべきだ、というのが投資家の本来あるべき姿で、伝統理論は基本的に投資家がそのようなものであることを前提としてきました。

ここで、行動ファイナンスは投資家の「反省」に役立ち、伝統的な理論の投資家行動がその修正の参考になる、ということがいえます。

後悔回避、オーバーコンフィデンス、メンタルアカウンティング、時間選好率の歪みなどの落とし穴

行動ファイナンスには、認知心理学の知見を使った投資家行動の研究が豊富にあります。いろいろな言葉があり、それらの中には意味が重複するものもあるなど、体系的にご紹介するのは大変ですが、特に投資家の参考になると思われる概念を幾つかご紹介します。

まず「後悔回避」といわれる現象があります。これは、人間は後悔することを非常に嫌い、将来後悔する可能性を小さくしようとすることに対して必要以上に（客観的な確率から考えられる必要以上に、という意味です）コストをかける現象です。後悔回避で説明される現象は数多くあります。

たとえば「ドルコスト平均法」はこれで別段リスク・リターンが改善されるわけではなくとも、「最高値で買ったという後悔を将来しないで済む」とか、「自分はルールに基づいて買ったので、将来損をしても、自分の判断を後悔するのではなく、このルールが悪かったということにできる」といった理由でしばしば採用され、同一商品を買い続けることのリスク集中効果が過小評価されることがあります。

また、投資信託などのファンドマネジャーが必ずしも稼いでくれるという実績がないのに、ファンドマネジャーにお金を預けるのは、「損をした場合に他人を責めることが出来るから自分で運用するよりも気楽だ」という心理が働いているからだろう、などという研究もあります。

「オーバーコンフィデンス（自信過剰）」も興味深い現象です。投資家について言うと、**投資家は、自分の気持ちや判断と将来の株価などの動きを、実際にある以上の因果関係で結びつけがちだという現象です。**これは投資家の過剰な売買（自分の売買で損益が改善する可能性を過大評価する）などを説明するのに使われています。

また、**オーバーコンフィデンスは、女性よりも男性、素人よりもその分野のプロの方が強い**と言われています。たとえば、為替レートの予測は素人もプロも同じくらい当たりませんが、将来の予想をレンジ（範囲）で問うと、プロの方が素人よりも狭いレンジで答えがちです。しかし、レンジの中心の当たり具合を評価するとプロと素人で統計上有意な差がないことが多いといった現象がこの「オーバーコンフィデンス」で説明されます。**投資信託などを選ぶ際に、平均よりもよいアクティブファンドを「事前に」選ぶことが出来ると漠然と考えがちなのもオーバーコンフィデンスの好例です。**

「メンタルアカウンティング（心の会計）」という現象も有名です。これは、**本来価値に差がないはずのお金のありがたみが、収入の名目や使途などで別々に評価されがちな現象です。**たとえば月給で高額なフランス料理を食べるのは贅沢だと判断しても、競馬で当てた払戻金で食べるのは「まあいいや」と思ってしまうような現象がこれに当たります。経済合理的には、稼いだ手段に関わりなく同額のお金の価値は同じの筈ですが、収入の名目などによって「心の中の会計科目」がちがうかのごとくに処理されることが頻繁にあります。

投資の世界では、**インカム・ゲインとキャピタル・ゲインに対してしばしば評価の差があることはメンタルアカウンティングの例でしょう。**配当に対して（たとえば増配に対して）、時に過大とも思える評価があることや（メンタルアカウンティング以外の理由もありますが）、毎月分配型の投資信託に対して経済合理的に考えると異様なニーズがあることなどは、メンタルアカウンティングである程度説明できる現象でしょう。また、金銭的な報酬を早く貰えることに対して過大な評価を与える傾向（時間選好率の歪み）なども、毎月分配型投信のような商品を後押ししています。

伝統ファイナンスの一部は合理性の指針として使える

行動ファイナンスの発展もあって、現実の資本市場を説明する理論としては少なくとも根本的な見直しを必要としているように思える**伝統的なファイナンス理論**ですが、その中で、意思決定の考え方の土台にある部分は現実の投資家や資本市場のありのままの姿を説明する理論としてではなく、**投資の意思決定のあるべき姿（要は「得なやり方」です）の指針として使える**のではないかと思います。

たとえば、「同じリターンならリスクを回避すべきだ」という**リスク回避**の考え方は、投資家の考え方によるのであって、必ずしも理論的な必然とは言えませんが、リスク回避の考え方を一貫して使うためには、たとえば投資元本の額と比べた勝ち負けにこだわらない方がいいという点では、伝統的なファイナンス理論で前提としていたような合理的な投資家の行動スタイルを頭に浮かべるといいでしょう（伝統的な理論と一致するかどうかを論理的に検算します）。

もう一つ例をあげると、**インカムゲインとキャピタルゲイン**は、行動ファイナンス的には人間がたとえば前者を喜ぶ傾向があることが「現実」かもしれませんが、最終的な金銭的損得の観点から見ると伝統ファイナンスで考えたように、両者を区別すべきではなく（配当や分配金に過剰に喜ばずに）、総合的な損得で考えるべきです。その方が、将来の富の額において現実的に得なのです。

また、**分散投資によるリスクの低減効果**のように、数学的に自明なことでもありますが、投資家にとって利用価値のある原則は積極的に活用するといいでしょう。自分自身の銘柄選択能力に関するオーバーコンフィデンスを野放しにしていると、つい集中投資をしがちになる可能性があるので、分散投資によるリスク低減効果は頭の中に入れておく価値があります。

一方本書では詳しく触れませんでしたが、「CAPM（資本資産市場モデル）」や「効率的市場仮説」などの伝統ファイナンスの理論は、資本市場を説明する理論としては誤りですし（論理的に正しくても、前提が不適切な理論はファイナンスの理論としては「誤り」です）、オプション価格理論のようなものも、現実に適用できる対象（株価指数先物のようにローコストで自由に売買でき、裁定取引が出来るものには比較的よく当てはまります）とそうでないものの区別に注意すべきです。また、よく当てはまると考えられる対象に関するオプションでも、ボラティリティーなど計算の前提条件となる数値について、正しい値を得ることが難しい場合が多く、こうした場合には、「それなりの前提からは、それなりの答えしか得られない」ということに注意すべきです。

もっとも、オプション価格理論をはじめとするデリバティブの理論やいわゆる金融工学については、**「無リスクでリスクフリー金利以上に儲けることは出来ない」という各種の理論や公式を導出する上での大前提を覚えておくことが個人にとっても有用です。**こうしたことが分かっていれば、たとえば「元本確保型」などと謳う投資信託や変額保険、あるいは仕組み預金のようなデリバティブを使った商品が「（作り手の計算間違いでもない限り）投資家の得になるように作られている筈がない」ということが分かって、検討の必要すらない運用商品をあらかじめ避けることができます。

自然な気持ちの上では抵抗感のあること（行動ファイナンスで説明されるようなこと）であっても、純粋に金銭的な損得の上で合理的なこと（伝統ファイナンスが要求するような意思決定）は実行できるようでありたいものです。そのためには、伝統ファイナンスの基礎的な考え方、特に、リスクとリターンとコストについての一般的なフレームワークを「使いこなす」ことが重要です（具体的なやり方・考え方で使えるもののほとんどは本書の各ルールに散りばめられていますのでご安心下さい）。

さて、理論の今後について簡単な展望を述べてみたいと思います。筆者は、学界の動向を十分にフォローできているわけではありませんが、行動ファイナンス以後のファイナンス研究には今後三つくらいの発展の方向性がありそうに思えます。

一つは、「理論モデル」としての**数学的精緻化**です。これはアメリカでのファイナンス論文の書かれ方を考えると自然に起こりそうな現象ですし、理論の前提条件や論理的構造が明確になるというプラスがあります。もっとも、数学的な精緻化は表現方法の改善であって、それ自体が事実の発見や説明そのものを前進させるものではありません。

もう一つの分野は、認知心理学のさらに基礎となっている**脳の研究との関わり**です。たとえば人間の時間選好率（現在の価値と将来の価値を比較する際の利率のようなもの）についての判断に一貫性がないことに関して、近い将来と遠い将来について判断する脳の部位が違うらしいことや、意思決定には理性的な計算よりは感情が大きく関わること、あるいはギャンブルにはまるメカニズムなどについて、ファイナンスを含む社会科学の脳の研究による基礎付けが海外ではもの凄い勢いで進んでいるようです。行動ファイナンスの基礎理論の相当部分が、今後、脳の研究によって裏付けられるようになりそうです。

最後の一つは、**経済の倫理的研究**との関わりです。行動ファイナンスは、人間が、伝統ファイナンスのような意味で合理的に行動できないことを研究対象としていますが、こうした人間像が深く研究されるようになると、たとえば、これまでおおむね合理的な投資家と証券市場を前提としてきた、証券市場に関する規制の考え方なども書き替えられる可能性があります。政策提言に活かされる可能性があることもあって、取引のあり方やそもそも富の配分はどのようなものがフェアなのかといった経済倫理の研究がホットなテーマになってきているようです。

付録

個人投資家・山崎元の
スローな株式投資

補足として、私が個人投資家として実際に行った少額の株式投資について具体的に書いてみましょう。

私は、長いこと仕事でファンドマネジャーや証券会社の社員など、「他人のお金を扱う仕事」、端的にいって個人の資産を株式で運用するのがまずい仕事をしてきました。しかし、近年、直接他人のお金を扱う仕事から離れるとともに、個人の資産運用に関する研究や執筆などの機会が増えてきました。そこで、二年半ほど前に（二〇〇二年四月末に資金を払い込みました）、個人の投資環境を知ることを主目的に、損をしても諦めがつくくらいの金額で、かつ、それによって自分の意見が左右されない程度の金額ということで、正直に言うと五〇〇万円ほどの金額ですが、一個人投資家として株式投資をしてみることにしました。

この間、ファンドマネジャーはやっていませんが、雑誌の原稿を書いたりテレビに出ていたりすることもあり、厳密に言うと、仕事との関係が完全にないわけではなかったのですが、自分が株式を持っているがゆえに意見を変えたというようなことはなかったと思っています。

投資銘柄数は五銘柄から一〇銘柄くらい、売買回転率は年間一回転をかなり下回るくらいを想定し、現実にそんな感じの、**のんびりしたポートフォリオ運用**でした。

楽天証券に入社が決まったので、〇四年の一二月二八日に持ち株を全部売ったのですが、この時点での運用残高は七一八万円と少々になっていました。比率で計算するほどのこともありませんが、四三%強の増加です。ちなみに、この日のTOPIXの終値は一一四〇でした。運用スタートの頃のTOPIXは、二〇〇三年の四月三〇日を起点にすると一〇八二、だいたい九割の資金を投資し終えた五月二二日を起点にすると一一三〇でした。昨今、数百万円の運用資金が短期間に一億円にも二億円にもなるかのような本が流行っていることを考えると、これで満足してはいけないのかも知れませんが、**ベンチマークには勝っているので、元ファンドマネジャーとしてはまあまあ満足といえる結果です。**

■株式投資の三つの基本技

もちろん、中には損で終わった銘柄もあるのですが、全体が増えたということは、幾つかは儲けた銘柄があるということです。分散投資を意識して何となく買った銘柄がたまたま儲かったというケースもあるのですが、意図的に儲けを狙ってうまくいった銘柄への投資を分類すると、三つのパターンがありました。

テクニックに名前をつけるとすれば、①**アーニング・サプライズ投資**、②**バリュー**

図1　日本経済新聞2002年5月22日

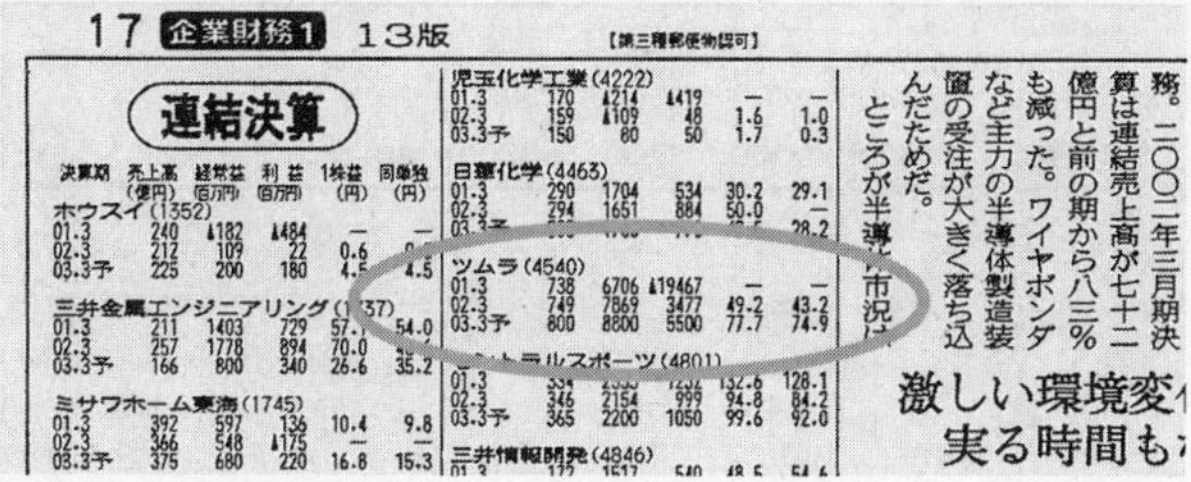
17 企業財務1 13版 【第三種郵便物認可】

連結決算

決算期	売上高（億円）	経常益（百万円）	利益（百万円）	1株益（円）	同単独（円）
ホウスイ（1352）					
01.3	240	▲182	▲484	—	—
02.3	212	109	22	0.6	[illegible]
03.3予	225	200	180	4.5	4.5
三井金属エンジニアリング（1737）					
01.3	211	1403	729	57.[illegible]	54.0
02.3	257	1778	894	70.0	[illegible]
03.3予	166	800	340	26.6	35.2
ミサワホーム東海（1745）					
01.3	392	597	136	10.4	9.8
02.3	366	548	▲175	—	—
03.3予	375	680	220	16.8	15.3
児玉化学工業（4222）					
01.3	170	▲214	▲419	—	—
02.3	159	▲109	48	1.6	1.0
03.3予	150	80	50	1.7	0.3
日華化学（4463）					
01.3	290	1704	534	30.2	29.1
02.3	294	1651	884	50.0	—
03.3予	[illegible]	[illegible]	[illegible]	[illegible]	28.2
ツムラ（4540）					
01.3	738	6706	▲19467	—	—
02.3	749	7869	3477	49.2	43.2
03.3予	800	8800	5500	77.7	74.9
[illegible]トラルスポーツ（4801）					
01.3	[illegible]	[illegible]	[illegible]	132.6	128.1
02.3	346	2154	999	94.8	84.2
03.3予	365	2200	1050	99.6	92.0
三井情報開発（4846）					

務。二〇〇二年三月期決算は連結売上高が七十二億円と前の期から八三％も減った。ワイヤボンダなど主力の半導体製造装置の受注が大きく落ち込んだためだ。

ところが半導[illegible]市況は

激しい環境変
実る時間も

株投資（割安株投資）、③イベント投資、といった感じになります。**いずれも、株式投資のテクニックとしては基本的なもの**なので、具体的にご紹介してみましょう。

①アーニング・サプライズ投資
（例）ツムラ（4540）

株式投資の基本動作は何といっても、利益予想の変化と株価の動きを比較しながら見続けることです。株価はあくまでも予想に対して形成されるものですし、通常の場合、株主にとってもっとも重要なのは利益ですから、**株式投資というゲームは、利益予想の変化に伴ってどこかにチャンスが生じないかという投資家同士の駆け引き**だといえるでしょう。

この**利益予想で最も質の良いデータは、多くの場合、アナリストの予測ではなくて、会社発表です**。また、同時に会社発表のデータは、多くの投資家が共通に見るデータで

図2　当時の四季報のデータ

決算期	売上	営業益	経常益	純益	一株益
02年3月期	75000	9400	7500	3000	39.6
03年3月期	76000	9000	7700	3300	46.6

もあるので、株価に対する影響という意味でも見逃せません。

さて、久しぶりに株式投資をしようと思っていた二〇〇二年の五月でしたが、私は五月二二日の日経新聞の企業財務面を見ていて、図1のような数字を発見しました。

「ツムラの二〇〇三年三月期の数字が良さそうだな」と思ったのです。

「良さそう」が本当に「良い」のかどうかは、これまでの予想と比べても良いのかどうかで判断しなければなりません。そこで『会社四季報』を見てみたのですが、その時点の最新号（春号）の数字は図2の通りでした。

その時の「当期」である二〇〇三年三月期の経常利益予想は旧予想の七七億円から八八億円に上昇していました。これは一応「ポジティブな・インパクト」ととらえるに足る数字だと思いました。なお、細かい話は省略しますが、利益予想の変化を評価する時には、経常利益で見るのがいいことが多いです。

ツムラの株価の動きは、大まかには図3の通りで、もっと細かく見る

図3　ツムラの株価推移（週足．インフォシークマネーから）

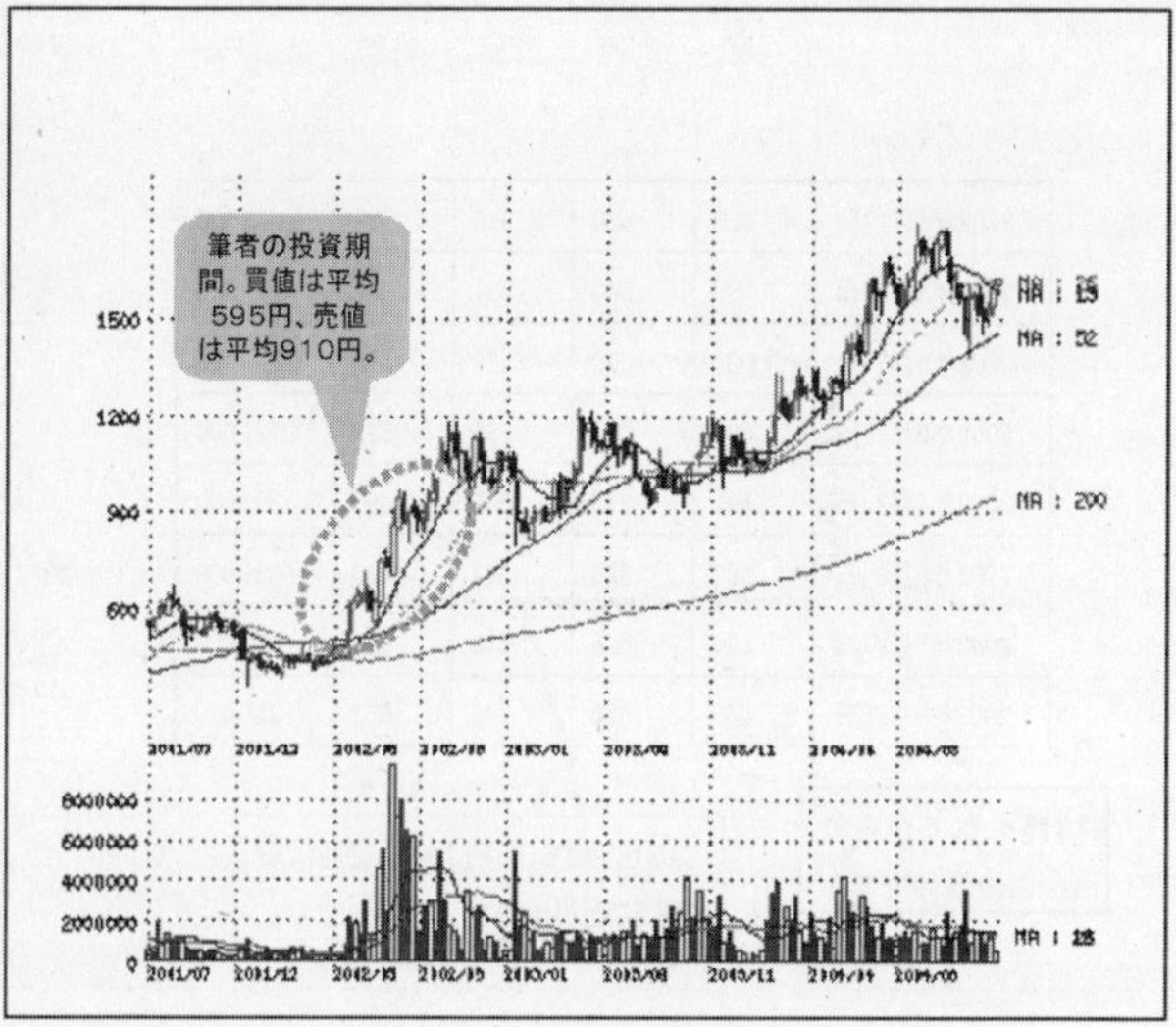

と表1のような感じでした。

五月二二日の時点までに株価はいくぶん上昇傾向でしたが、この日を含んで三日間くらいの間であれば、六〇〇円以下の株価で買うことが十分可能な状況でした。

次に、ツムラの**上方修正に対する投資家の反応が遅れるもっともらしい理由があるかどうか**が問題になるのですが、当時、ツムラは大赤字からの経営再建中で、機関投資家はやや手を出しにくい銘柄になっていました。「反応が遅れている」つまり、「株価があとから上昇する」可能性が十分にある、とその時に私は判断しまし

表1　決算発表前後のツムラの株価推移

	始値	高値	安値	終値	出来高
2002年5月17日	520	530	515	**523**	249,000
2002年5月20日	535	540	531	**534**	171,000
2002年5月21日	583	600	529	**585**	335,000
2002年5月22日	600	610	585	**599**	727,000
2002年5月23日	591	598	577	**590**	303,000
2002年5月24日	587	625	587	**620**	631,000
2002年5月27日	624	646	615	**639**	403,000
2002年5月28日	642	665	642	**657**	826,000

情報を見てからでも、この値段でなら

この場合、600円よりも、さらに安く買うことが出来た

た。この辺の判断の仕方には多少のコツがありますが、出来高もそんなに増えていなかったし、総合的に見て、まだ情報が一〇〇%織り込まれていない「可能性が大きい」と思いました。

ちなみに、あくまでも「傾向として」ということではありますが、**はじめて大幅な上方修正があった銘柄は、そこそこ以上の確率で、引き続きその後も上方修正される傾向があります**（「利益予想改訂のトレンド効果」と呼ばれる現象です）。

表2に『会社四季報』ベースでのツムラの利益予想の変化をまとめてみましたが、最終的に経常利益は決

表2　ツムラの2003年3月期利益予想の変遷

		売上高	営業利益	経常利益	利益	1株益
会社四季報 02年新春号の予測	02/03	75000	9000	7100	2800	39.6
	03/03	75500	9200	7300	3200	45.2
会社四季報 02年春号の予測	02/03	75000	9400	7500	3000	39.6
	03/03	76000	9000	7700	3300	46.6
実績 →	02/03	74934	9126	7869	3477	49.2
会社四季報 02年夏号の予測	03/03	80000	9800	8800	[illegible]500	77.7
	04/03	81500	10000	9000	5600	79.1
会社四季報 02年秋号の予測	03/03	80500	10200	9200	[illegible]700	80.5
	04/03	82500	10700	9700	5900	83.4
会社四季報 03年新春号の予測	03/03	82400	11100	10100	7400	104.6
	04/03	87000	12500	11500	8000	113.0
会社四季報 03年春号の予測	03/03	82400	11100	10100	7400	104.6
	04/03	87000	12500	11500	8000	113.0

算発表前までに一〇一億円にまで上方修正されています（実績値は一〇九億円になりました）。

また、**投資家は、トレンドからの乖離（最初の大きな上方修正）を軽視する一方、三回、四回と同じ変化が続くと、これを実際の確率的信頼性以上に「トレンドだ」と過大評価する傾向があります。**

そういう意味では、利益予想の修正は、単独で評価するのではなくて、過去からの流れを踏まえて評価するべきなのです。そうした評価をするために『四季報』や『会社情報』は過去分を数冊（二年分くらいは）取っておくべきです。

図４　帝国繊維(3302)の株価推移（週足。インフォシークマネーから）

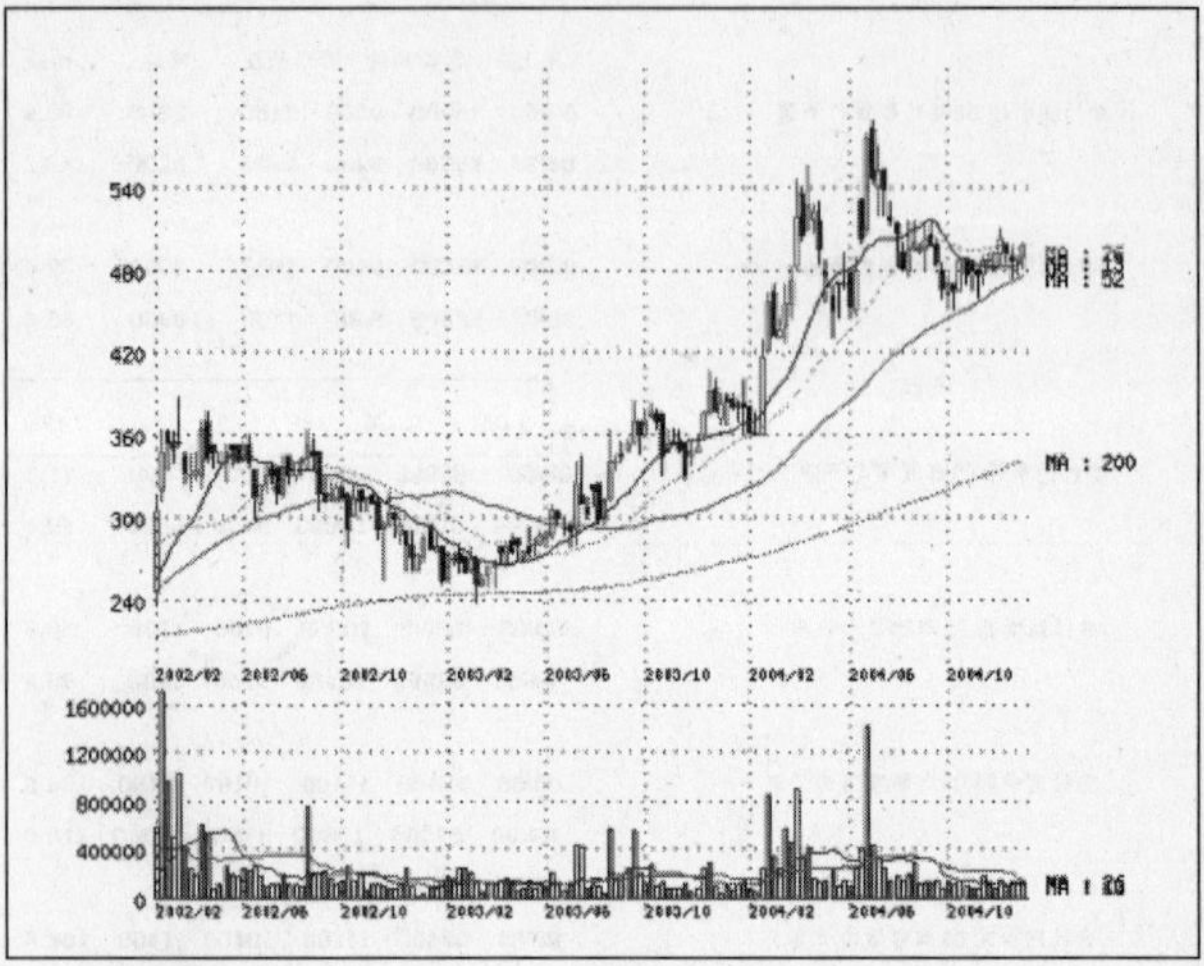

以上のようなことを考えて、確か、新聞を見た日の後場に五九一円で二〇〇〇株買って、七月の末頃に九一〇円位で売ることが出来ました。売る時には、相当に出来高も膨らみ、大手証券が買い推奨のレポートを出すようなこともあったので、「情報はだいたい株価に織り込まれたのではないか」と判断して売ることにしました。

何となく、みみっちい自慢話をしているようで気が引けるのですが、株式投資の基本動作の説明を含んでいるので、あえて少々詳しく解説してみた次第です。

②バリュー株（割安株）投資
（例）帝国繊維（3302）

もともと、のんびり分散投資して「気がついたら儲かっていた」という状態を目指していたわけでした。先の、ツムラは情報の解釈と投資がうまく噛み合った例でしたが、投資する時点ではツムラに全額を投資してもいいというほどの自信があったわけではありませんし、ツムラと同程度に有望だと思えるような銘柄を他に何個も同時に見つけていたわけではありません（言い訳すると、仕事もちょっと忙しくなっていました）。分散投資した状態を作るためには、どうしても「そこそこに、いい」という程度の銘柄も探さなければなりません。

例に挙げる帝国繊維は、主に麻の繊維で消防用のホースなどを作っている、あえて言えば防災関連にウェイトのある会社ですが、率直に言って、私はどんな会社なのか今でも詳しくは知りません。

この会社の株を買ったのは、二〇〇三年の夏でしたが、当時の株価三五〇円前後に対して予想一株利益は四〇円台前半で、①PERが八倍程度と超割安、②一応来期は増益見通し、③有利子負債が総資産の十数パーセントと財務的にも安定している、出来高が乏しく④少なくとも当時市場では注目されていない、といった望ましい属性を備えていました。

地味で割安で時価総額の小さな株といった条件で、インフォシークマネーで検索して出てきた何十銘柄かを、会社四季報のCD-ROMとインターネットの情報を見ながら選んでいたら、何となく引っかかってきて、素晴らしいとも思えないのだけれども、そこがまた好ましい、といった理由で我がポートフォリオに入れることになりました。

結局、運用の最終日に、全銘柄を現金化するまでポートフォリオの中に放って置いたのですが、図4を見るとお分かりいただけるように、最高値では売れませんでしたが、四九五円で売ることができました。達成感はあまりありませんが、投資としては成功でした。

先ほどの条件の中で、割安株投資を行う上で私が重視しているのは、主に①と④です。**活発に取引されていて、多数のアナリストがフォローしているような銘柄にあっては、情報に対する注目度が高く、情報と株価の関係の解釈で他の投資家に対する優位を作るのは骨が折れる**ように思います。マーケットの注目やトレンドの「逆に張る」というのはかなりのガッツがいりますが、少なくとも「**スポットライトを避ける」という感覚**、いわば「**裏に張る**」**という感覚**が有効なことが多いと思います。

割安株投資は、比較的ゆったりと投資できるので、資産形成のために株式投資を行いたいアマチュア投資家に向いています。株価の評価の仕方や、銘柄の見つけ方については、いろいろな方法があります。研究してみて下さい。

③イベント投資

（例）三菱商事（8058）

三菱自動車の一連の事件はとんでもない話で、三菱商事OBでもある私としては、三菱グループは、このような腐った会社をなぜ支援するつもりなのかと、大いに腹を立てていました。

しかし、グループの結束が堅い（ネガティブな堅さだと思いますが）と見えて、二〇〇四年には三菱自動車への三菱グループ御三家（三菱重工、三菱東京FG、三菱商事）を巻き込んだ支援策が決まりました。すると案の定、この支援策は支援会社の業績の足を引っ張るだろうとして、これらの会社の株価が大幅に下落しました。

当時、私個人としては、ザマアミロ！　という気分に近かったのですが、商品相場が高かったこともあって商社株が気になっており、かつて勤めていた三菱商事の株価を見るうちに、もしかするとこの株価は下げすぎではないか、ということに気がつきました。

一二〇〇円を越えて堅調（「堅調」。漢字で書くともっともらしいのですが、怪しいものを確からしく表現する危険な単語です）に推移していた三菱商事の株価は、二〇〇〇円以上下落して、最悪時には一〇〇〇円を割り込む局面もありました。この間にも三菱自動車は新たな嘘がばれたり、車が火を噴いた（火の車！）というニュースが流れたり、散々な状況であったことはまだ記憶に新しいところでしょう。

ところが、当時の『会社四季報』を見ると、三菱商事は三菱自動車の約五・一％の株主なのですが、三菱自動車の株価が大幅に下落する前の時価総額約六〇〇〇億円程度に対して評価しても三〇〇億円に過ぎません。たとえば、これがゼロになって、さらに支援した一〇〇億円が更にゼロになっても、一〇〇〇円台前半の三菱商事の時価総額一兆六〇〇〇億円に対しては、二・五％程度の損害でしかありません。もちろん、本当に三菱自動車が倒産するようなことになれば、取引に伴う損失や、それまでに更に支援が行われる可能性などもあるのですが、その時点ではそこまで将来を織り込むのはさすがに早過ぎると思いました。

「時価総額の二・五％程度」ということは、当時の一〇〇〇円台前半の株価に対しては二七円くらい、その他の要因を厚めに見積もっても三〇円くらいのインパクトしか

図5　三菱商事(8058)の株価推移（週足。インフォシークマネーから）

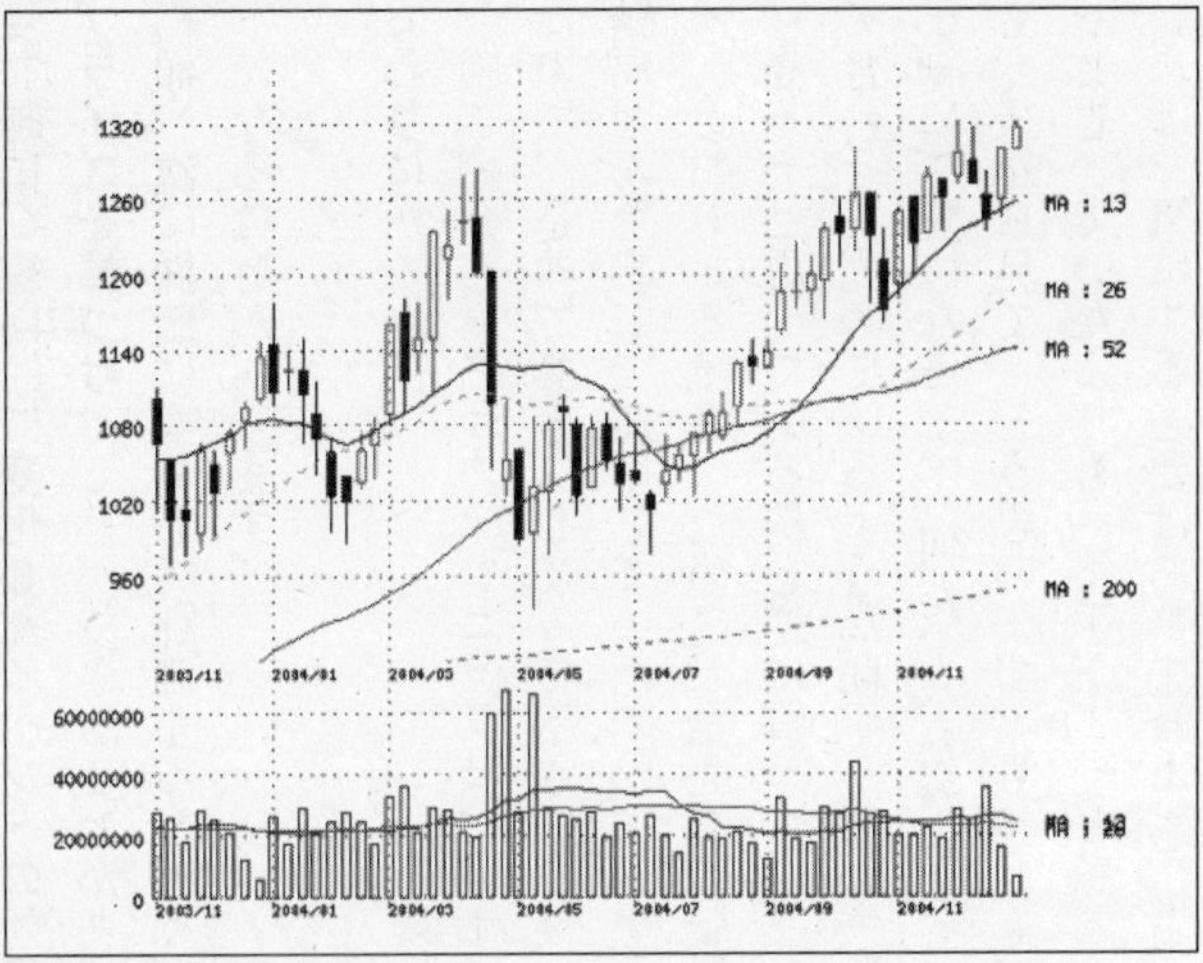

ないわけで、この要因だけで二〇〇円以上の下げは下げ過ぎだと考えました。しかも、その間、三菱商事の業績に影響しそうなファクターでネガティブなものはなかったので、「これはチャンスかも知れない」と思って、一〇二九円で一〇〇〇株買ってみることにしました。

その後の株価の推移は図5の通りで、結局、一二月に入ってから一三〇〇円と少々で売却したわけですが、うまく行きました。

この例は、イベント投資としてはやや例外的かも知れませんが、合併、分割、大損、大儲け、その他**「それ以外のファクターがおおむね**

不変な時に、短期的に変化したイベントの効果を評価する」ことによって、市場のミスプライスを見つけることができることがあります。企業関連のニュースは「まず時価総額、次に株価に換算して評価するとどうなるか？」という視点で見ると投資のヒントになることがあります。

■おわりに

今回ご紹介した三つのテクニックは、いずれも基本的なものですが、応用が利く方法なので、是非ご参考にしてみて下さい。

結局どんな感じで運用していたのかイメージが分からないとか、失敗例も含めて見せろ、とおしゃる読者のために、全売買の記録に簡単にコメントをつけてご紹介します。売ろうと思っている株を逆に買ってしまって（いわゆる「売り買いドテン」）、慌てて合わせて売っているような恥ずかしい失敗も洩らさず載せておきました。

子細にご覧になると、「何だ、へただな」とお思いになる方が多いでしょうし、筆者も、後から見て、そう思います。もっとも、運用というものは、いざ自分でやってみると思っていたよりも「下手だ！」と感じることが多いものです（正しく把握出来ていれば、気にする必要はありません）。ツッコミ所も技術的な修正点もたくさんありますが、一方で、危所（大もとの投資方針と分散投資など）を外さなければ、かなり物ぐさ、かついい加減な運用でも、理想的な運用と「そう大差ない」というようなものでもあります。是非とも、やってみて下さい！

①スタート（～02年5月22日）

三銘柄（452万6千円）＋現金47万4千円。TOPIXは1029.67(5/22)。

小さな上方修正が目について買った。漠然と電気・高いPERを買った失敗。

約定日 受渡日	銘柄	取引 売買	数量 単価[円]	手数料[円] 税金[円]	受渡金額[円]
2002/4/30 2002/5/7	日立マクセル 6810 東証	現物 買付	1,000 株 1,927	2,500 125	1,929,625
2002/5/22 2002/5/27	理研ビタミン 4526 東証	現物 買付	1,000 株 1,409	1,900 95	1,410,995
2002/5/22 2002/5/27	ツムラ 4540 東証	現物 買付	2,000 株 591	1,900 95	1,183,995

PERが安い、業種が食品、地味、の三点が買い材料

上方修正を狙って買った、期待の銘柄！

②組み替え（02年7月～10月）

売るのは1千株でいい！（出来高を見て焦って売った）

約定日 受渡日	銘柄	取引 売買	数量 単価[円]	手数料[円] 税金[円]	受渡金額[円]
2002/7/25 2002/7/30	ツムラ 4540 東証	現物 売付	1,000 株 905	2,500 9,627	892,873
2002/8/1 2002/8/6	ツムラ 4540 東証	現物 売付	1,000 株 921	1,900 9,765	909,335
2002/8/6 2002/8/9	凸版印刷 7911 東証	現物 買付	1,000 株 1,094	2,500 125	1,096,625
2002/8/22 2002/8/27	帝国繊維 3302 東証	現物 買付	1,000 株 356	1,900 95	357,995
2002/10/23 2002/10/28	レーサムリサーチ 8890 店頭	現物 買付	5 株 110,000	2,500 125	552,625

凸版は漠然と好き

割安で買う

JASDAQ銘柄をイメージだけで買ったのは不用意！

日立マクセル、理研ビタミン、帝国繊維、凸版が各1千株、レーサムリサーチが5株

③組み替え（04年3月19日～同30日）

約定日 受渡日	銘柄	取引 売買	数量 単価[円]	手数料[円] 税金[円]	受渡金額[円]
2004/3/19 2004/3/24	理研ビタミン 4526 東証	現物 売付	1,000 株 2,250	2,500 125	2,247,375
2004/3/29 2004/4/1	綜合警備保障 2331 東証	現物 買付	100 株 1,435	833 41	144,374
2004/3/29 2004/4/1	綜合警備保障 2331 東証	現物 買付	200 株 1,435	1,667 84	288,751
2004/3/29 2004/4/1	エーザイ 4523 東証	現物 買付	500 株 2,835	1,900 95	1,419,495
2004/3/29 2004/4/1	インテリジェンス 4757 店頭	現物 買付	1 株 289,000	2,500 125	291,625
2004/3/29 2004/4/1	日立マクセル 6810 東証	現物 売付	1,000 株 1,624	2,500 125	1,621,375
2004/3/29 2004/4/1	東日本旅客鉄道 9020 東証	現物 買付	1 株 562,000	1,900 95	563,995
2004/3/30 2004/4/2	綜合警備保障 2331 東証	現物 買付	200 株 1,440	1,900 95	289,995

利食い。PER15倍を超え割安性喪失

※ 綜警、インテリジェンス、JR東日本はビジネスに対するイメージで何となく買った。結果は今一

エーザイは薬品業種の中からPER等で比較検討して選ぶ

損失売却。業績に期待したのに下方修正。割高で我慢できず。失敗！

④組み替え（04年4月～5月）

約定日 受渡日	銘柄	取引 売買	数量 単価[円]	手数料[円] 税金[円]	受渡金額[円]
2004/4/9 2004/4/14	レーサムリサーチ 8890 店頭	現物 買付	5 株 129,000	2,500 125	647,625
2004/4/9 2004/4/14	レーサムリサーチ 8890 店頭	現物 売付	10 株 129,000	2,500 125	1,287,375
2004/4/23 2004/4/28	日本ユニコム 8744 店頭	現物 買付	1,000 株 1,250	2,500 125	1,252,625
2004/5/28 2004/6/2	伊　藤　忠 8001 東証	現物 買付	1,000 株 462	2,500 125	464,625

何と、売り買い反対。大バカ！

商品相場の活況と、ユニコムの株価の安さで買い。PERは8～9倍。

素材や船株は既に高く、商社株がやや出遅れ。中でもやや出遅れで無難な伊藤忠を買った

⑤組み替え(04年5月~5月)

約定日 受渡日	銘柄	取引 売買	数量 単価[円]	手数料[円] 税金[円]	受渡金額[円]
2004/6/18 2004/6/23	日本ユニコム 8744 店頭	現物 売付	100 株 1,520	505 25	151,470
2004/6/18 2004/6/23	日本ユニコム 8744 店頭	現物 売付	100 株 1,500	500 27	149,473
2004/6/18 2004/6/23	日本ユニコム 8744 店頭	現物 売付	100 株 1,500	498 24	149,478
2004/6/18 2004/6/23	日本ユニコム 8744 店頭	現物 売付	200 株 1,500	997 49	298,954
2004/6/25 2004/6/30	三菱商事 8058 東証	現物 買付	1,000 株 1,029	1,900 95	1,030,995
2004/6/25 2004/6/30	日本ユニコム 8744 店頭	現物 売付	500 株 1,590	2,500 125	792,375
2004/6/28 2004/7/1	森永乳業 2264 東証	現物 買付	1,000 株 458	1,900 95	459,995

商品会社が話題になり、出来高増えるも、意外に反応薄なので売却。
結果OKだったが、一回で売っていい(反省)

パターン3、
イベント投資

余ったキャッシュで、何となく無難そうな食品株を買っただけ。今一だった。

⑥売却。運用終了(~05年12月28月)

約定日 受渡日	銘柄	取引 売買	数量 単価[円]	手数料[円] 税金[円]	受渡金額[円]
2004/7/16 2004/7/20	インテリジェンス 4757 店頭	 入庫	1 株 144,500	- -	-
2004/12/3 2004/12/8	三菱商事 8058 東証	現物 売付	1,000 株 1,303	1,900 95	1,301,005
2004/12/28 2005/1/4	森永乳業 2264 東証	現物 売付	1,000 株 437	1,900 95	435,005
2004/12/28 2005/1/4	綜合警備保障 2331 東証	現物 売付	500 株 1,501	1,900 95	748,505
2004/12/28 2005/1/4	帝国繊維 3302 東証	現物 売付	1,000 株 495	1,900 95	493,005
2004/12/28 2005/1/4	エーザイ 4523 東証	現物 売付	500 株 3,290	1,900 95	1,643,005
2004/12/28 2005/1/4	インテリジェンス 4757 JQ	現物 売付	2 株 148,000	2,500 125	293,375
2004/12/28 2005/1/4	凸版印刷 7911 東証	現物 売付	1,000 株 1,125	1,900 95	1,123,005
2004/12/28 2005/1/4	伊藤忠 8001 東証	現物 売付	1,000 株 471	1,900 95	469,005
2004/12/28 2005/1/4	東日本旅客鉄道 9020 東証	現物 売付	1 株 568,000	1,900 95	566,005

反省!分割の子株を待っていたら売りそびれた。

株数少ないのでザラバに成り行きで売ったが普通は寄りで売るところ。早起き大切か!!

あとがき

本書は、二〇〇一年一〇月にダイヤモンド社から刊行された『お金がふえるシンプルな考え方——マネーのルール24』の改訂版であり、同時に文庫版です。

前著は、著者がはじめて書いた個人向けのマネー運用入門書です。大ベストセラーにはなりませんでしたが、幸い好評をもって迎えられました。著者としては、考え方や言葉が借り物ではなかったことと、何と言っても、金融機関や生命保険会社などに遠慮せずに、一〇〇％顧客である個人の立場から書いた点が評価されたのだろうと考えています。

しかし、いったん自分の手を離れ、約四年の年月が経つと、手を加えたい箇所が複数見つかりました。本書の内容は、株価や金利、為替レートなどの変動によって影響を受けるような性質のものではない（だから長く使える！）のですが、新しい売れ筋の金融商品が登場したり、制度やマーケット参加者の行動の変化によって運用商品の評価まで変わるケース（ＴＯＰＩＸ連動型のＥＴＦです）が出てきたりしました。また、説明の仕方や、個人がお金の運用にあたって使うべき具体的な方法について、追加したい新しいアイデアを幾つか思いつきました。

ただし、基本的なアプローチと考え方については、前著の主張は、年月の経過に関係なく有効であったことも強調しておきます。

今回は、前著のルール二四個を全面的に見直し、改筆・加筆すると共に、新しいルールを追加しました。ルールの数は三〇個に増えています。単なる文庫化ではなく、改訂版です。分量的にも五割程度増えていますので、前著の読者にも読んで頂きたいと思います。

加えて、今回は文庫本なので、持ち運びに便利であると共に、価格が安いので、より多くの人に読んで頂きやすいという点も、著者の満足とするところです。

改訂版を文庫で出すにあたって、分かりやすくて読みやすい本書の骨格を作って下さったダイヤモンド社の古川弘子さんと、文庫での出版の機会を作って下さった日本経済新聞社の桜井保幸さんのお二人に改めて感謝したいと思います。

運用は、自分でやるのが面白いし、自分で判断しないと危険なものでもあります。本書が、読者のマネー運用に関する自立のガイドブックとしてお役に立つことを、著者は、心から願っています。

著　者

補足　理屈っぽいあなたのための理論的解説

本書で述べた運用の考え方の、伝統ファイナンス的な理屈の部分を簡単に説明しておきます。標準偏差や相関係数といった程度（高校の数学を修了した程度）の知識を前提とします。言葉の定義が分からない場合は、高校の数学の教科書等を適宜ご参照下さい。もちろん、こうした理論が分からなくても、投資を行うにあたって差し支えはありません。投資入門のためには本書の本編だけで十分なので、この付録は無視していただいても結構です。

投資家の効用関数と運用の意思決定

投資家は、一定の金額（通常は運用資産全体）を前提とした場合、以下の効用関数によって運用の選択肢を評価し、この効用関数を最大化するように行動すると考えることができます。たとえば、

〈ポートフォリオの効用関数〉

$$U_p = R_p - \lambda \cdot \sigma_P^2 - C$$

U_P：ポートフォリオの効用

R_P：ポートフォリオの期待リターン

λ：リスク拒否度係数

σ_P：ポートフォリオのリスク（標準偏差）

C：売買等のコスト

資産配分（アセットアロケーション）では、この関数の値を最大にするように資産の組み入れウエイトを決定すると考えます。投資家の効用関数はいろいろな形のものを考えることができますが、この形のものが、おそらく最も簡単で、かつ広く使われているものの一つです。

経済一般で扱う場合の「効用」は財の量、すなわち資産の額に対して絶対値で定義されますが、ここではリターンと将来の資産の額が対応しているため、リターンで表しているのだと考えて下さい。「期待リターン」は予想されるリターンを確率のウエイト付きで平均したリターンの期待値（確率の世界でいう「期待値」）です。投資家が希望するリターンということではなく、予想リターンの平均であることに注意して下さい。なお、期間の取り方は自由ですが、通常は年率が扱いやすいでしょう。以下、年率を前提に考えます。

この効用関数では、リスクのペナルティーを分散（標準偏差の二乗）に比例する形で表現しています。いずれにせよ近似的なものですが、こうした形の妥当性について、直感的には、リターンが期待値の上下に対称に正規分布してい

ると考え、かつ資産の限界効用が逓減すると考えると、標準偏差で測ったリスクの拡大とともに限界効用は標準偏差に比例する以上に減少するので、たとえば二次関数で近似するのがいいのだと考えて下さい。資産額に関する効用が本当はどの程度逓減するかという問題は難しいですが、心理学的には、プロスペクト理論に従うと、資産額の期待値を参照点と考えたときに、これを下回ることの不効用が逆に同額を上回った場合の効用よりもかなり大きいことなどがサポート材料になると考えられると思います。

リスク拒否度は正の定数です(たとえば0.04といった値)。これは個々の投資家の価値観によって決まります。これを「リスク許容度」(たとえば＝ａ）として、λ＝ｋ／ａ（ｋは正の定数でたとえば２）といった関係の定式化をするケースもありますが、筆者は「リスク拒否度＝λ」とする方が単純で好きです。分散で測ったリスクにリスク拒否度を掛けたものが「リターンに換算したリスクに対するペナルティー」であると考えて下さい。

ここでは、リスクをリターンの標準偏差または分散（両者は１対１で対応している）として定義しています。リスクの定義はこれだけに限りませんが、これが一番ポピュラーで扱いやすい定義だと思います。リターンの分布がおおむね正規分布であるとするなら、これでさしたる不自由はありません。凝り性の方には不満かも知れませんが、分布に関する何らかの偏りを実用的な精度で予測できる場合（めったにありませんが）を除くと、実用的にはこの定義で十分でしょう。

リスクは何らかのベンチマークに対する相対的なリスク（リターンの標準偏差）として測ります。これで、TOPIX（東証株価指数）などのインデックスをベンチマークとする株式の運用も扱えますし、ベンチマークをキャッシュ・ポートフォリオと考えると通常のアセットアロケーションも同様に扱うことができます。

なお、どんな運用にもベンチマークはあり、ベンチマークが定義できないということは、運用の目的を理解していないか現実的に定義できていないかのいずれかだといえます。

コストも年率のリターン（マイナスのリターン）に換算して考えます。たとえば、ポートフォリオの50％を入れ替える場合の売買コスト（手数料、市場インパクトを含む往復で）が１％だとして、その後２年間入れ替え後の状態を維持すると想定すれば、この効用関数に反映するコストは0.25％です。50％の入れ替えをたとえば３カ月に１回（年に４回）行うのだ

とすれば、効用関数に反映するコストは２％です。投資信託のようなものの場合、売買の際の手数料を想定保有期間（年）で案分したコストと年率の費用である信託報酬を合計して考えます。

効用関数全体は、リスクとコストの意思決定上のペナルティーを差し引いた「修正期待リターン」のようなものだと考えておくと分かり易いでしょう。

運用に関する意思決定は、すべて前記の効用関数に当てはめて考えることができます。

たとえばファンドマネジャーは「投資銘柄の分散は、投資対象の期待リターンが同じであるとすれば、リスクを低下させる分だけ効用を改善することになるが、個々の投資が少額化してコストが大きくなるマイナス効果があるかも知れない。しかし、ポートフォリオが安定化することによって調整の必要性が減るならば、想定保有期間の延長を通じてコストも減るかも知れない…」などと考えてポートフォリオの調整を行います。

また、売買にはコストがかかるので、たとえば保有銘柄の全部ないし一部を売却することは「期待リターンが低下したか、あるいは当該銘柄の値上がりなどによってウエイトが上がってポートフォリオ全体のリスクがふえた」といったリターンかリスク（大半はリターン）に変化がない限りおかしいといったことが分かります。このように考えると、たとえばあらかじめ「売り目標」の株価を決めておいて、そこに到達したら機械的に売る、といったルール化がいかに非合理的であるかが分かるでしょう。運用に関するアドバイスの真偽を判断する際に効用関数を当てはめて考えることが有効です。

アセットアロケーションの分析と構築の方法

本文では、簡便法を述べましたが、アセットアロケーションのもう少し厳密な方法を簡単に解説しておきます。マイクロソフト・エクセルなどの表計算ソフトで簡単に扱うことができます。

アセットアロケーションの問題は、効用関数を最大化するように資産の保有ウエイトを決定することと考えることができます。厳密にはコストも考えなければなりませんが、当面リターンとリスクを考えておけば十分でしょう。

まず、複数の資産を組み入れたポートフォリオのリスク（分散）は以下のように計算します。

$$\sigma_P^2 = \sum_{i=1}^{N}(W_i{}^2\sigma_i{}^2) + 2\sum(W_i W_j \rho_{ij}\sigma_i\sigma_j)$$

念のため、資産を３つ持っているケースでは以下の通りです。

$$\sigma_\rho{}^2 = W_1{}^2\sigma_1{}^2 + W_2{}^2\sigma_2{}^2 + W_3{}^2\sigma_3{}^2 + 2W_1W_2\rho_{12}\sigma_1\sigma_2 + 2W_2W_3\rho_{23}\sigma_2\sigma_3$$

$+2W_1W_3\rho_{13}\sigma_1\sigma_3$

Wiはｉ番目の資産のウエイト、ρijは資産ｉと資産ｊのリターンの相関係数です。

たとえば、以下の表のようなリスク（標準偏差）と相関係数を持つ資産Ａ、Ｂ、Ｃを50％、30％、20％と組み合わせた場合のポートフォリオ全体のリスクを計算すると、(0.5×0.5×20×20)＋(0.3×0.3×5×5)＋(0.2×0.2×2×2)＋2×(0.5×0.3×0.2×20×5)＝108.41。標準偏差に直すと約10.412％のリスクとなります。

〈リスク〉

資産A	20%
資産B	5％
資産C	2％

〈相関係数〉

	資産A	資産B	資産C
資産A	1	0.2	0
資産B	0.2	1	0
資産C	0	0	1

ついでに、アセットアロケーションの分析を行う場合に非常に便利な概念である「インプライド・リターン」についてご説明しておきます。

「インプライド・リターン」とは、ポートフォリオが全体として最適化されている（効用が最大化している）場合に、ある資産が持つべき期待リターンのことです。たとえば国内株式がＸ％組み入れられているときのインプライド・リターンがＹ％であれば「国内株をＸ％持つには、Ｙ％の期待リターンが必要なのだ」と考えればいいでしょう。通常、「期待リターン」と「リスク」から最適化されたポートフォリオ（「資源のウエイト」）が求められますが、逆に「リスク」と「資産のウエイト」から求めた“この条件にぴったりの”リターンが「インプライド・リターン」です。

インプライド・リターンは以下のように計算します。

$$R_i = 2\lambda\left\{W_3\sigma_3^2+\sum_{j\neq i,\, j=1}^{N}(W_i\,\rho_{ij}\sigma_i\sigma_j)\right\}$$

念のため、３つの資産を持つケースの、１番目の資産について書いておきます。

$$R_1 = 2\lambda\{W_1\sigma_1 + W_2\rho_{12}\sigma_1\sigma_2 + W_3\rho_{13}\sigma_1\sigma_3\}$$

インプライド・リターンはリスクの前提（標準偏差、相関係数）とアセットアロケーションのウエイトがあれば簡単に計算することができます。たとえば、期待リターンとして発表されているリターンとインプライド・リターンが大きく異なっている場合に、そのアセットアロケーションは期待リターンと整合しないといった具合に、アセットアロケーション計画の評価に使うことができます。また、たとえば機関投資家のアセットアロケーション計画からその機関投資家の、国内株式に対する期待リターンを逆算することができ

ます。

ここで、表計算ソフトが使える場合、たとえば資産が3つあるケースでは下表のようなワークシートに集約することができます。

ワークシートの〈効用〉の数値のセルには、効用関数の値が計算されています。

期待リターンとリスクの前提がある際の最適なポートフォリオを求める方法は、たとえばマイクロソフト社のエクセルの場合、「ソルバー」という機能を使って、「効用」を目的のセルに指定してこれを最大化するようなウエイトの組み合わせを解くだけなので、簡単です。この場合、通常はウエイトがマイナスの値にならないように、また、ウエイトの合計が100%になるように制限条件を付けておきます。なお、簡単な工夫で、ヘッジやレバレッジ、あるいは為替のヘッジなども扱うことができます。

下の図は具体的な年金運用のアセットアロケーション計画を分析するワークシートのイメージを拙著『年金運用の実際知識』（東洋経済新報社刊）から例を引いて載せています。

こうしたワークシートを作っておくと、前提条件を決めた場合に最適なアセットアロケーションを求めることもできまし、また、運用機関のアセットアロケーション計画を整合性の観点から評価することもできます。

原理原則に関する説明は以上でほぼ尽きています。期待リターンの求め方その他の具体的な方法に関しては、前掲拙著の第5章などをご参照下さい。

<アセットアロケーション計算ワークシート例>

	ウエイト(%)	期待リターン	リスク(標準偏差:%)	インプライド・リターン
資産A	30.00	14.240	20.00	14.2400
資産B	50.00	0.978	4.00	0.9776
資産C	20.00	8.964	18.00	8.89640
(合計)	100.00			6.5536

＜リスク＞

	A	B	C
A	1	0.11	0.25
B	0.11	1	-0.06
C	0.26	-0.06	1

	期待リターン	リスク(標準偏差:%)
ポートフォリオ	6.5536	8.0954

〈リスク拒否度〉

0.05

＜効用＞

3.2768

〈資産配分計画のチェックの例〉

A社の資産配分計画がリスク・リターンに関して最適であると仮定した場合の必要リターン

$$R_i=2\lambda\left\{W_i\sigma_i^2+\sum_{j\neq i,j=1}^{N}W_j\rho_{ij}\sigma_i\sigma_j\right\}$$

A社のある年度の資産配分計画

資産	配分ウエイト(%)	期待リターン	リスク(標準偏差:%)	インプライド・リターン
国内株式	23	8.10	21.49	12.07
国内債券	40	1.00	4.00	0.75
国内CB	5	2.60	13.37	6.52
外国株式	15	10.10	17.73	7.70
外国債券	12	7.80	10.36	2.61
現金	5	0.50	0.65	−0.03
(合計)	100	4.87		4.87

A社が発表した期待リターン

リスク拒否度	0.0446994

リスクを拒否する程度(λ)。この係数を分散に掛けて得られたリターン分だけリスクがリターンに対してマイナスに働いていると評価する。このリスク拒否度は、A社の計画が最高と仮定して、発表数字から逆算した

$$\lambda=\frac{R_P}{2\sigma_P^2}$$

〈ポートフォリオ全体〉

リスク(標準偏差:%)	7.38
効用	2.4345

リスクを調整してリスク・フリーの超過リターンに換算した投資家の満足度合い(Utility)

$$U=R_P-\lambda\sigma_P^2$$

ポートフォリオ全体のリスクは個々の資産のウエイト、リスク、他の資産とのリターンの相関係数から計算することができる(相関係数は省略。詳しくは前掲拙著の第5章に同じ例の説明があります)

$$\sigma_P=\sqrt{\sum_{j=1}^{N}W_i^2\sigma_i^2+2\sum_{j\neq 1}^{N}W_iW_j\rho_{ij}\sigma_i\sigma_j}$$

◆たとえば、上記の「国内株式」に対するA社の期待リターンはインプライド・リターンと大幅に異なる。これは、A社の計画が最適でない、リスクに関する前提が大幅に異なる、それ以外に特別な理由があるなどの事情によると解釈されるが、年金運用を任せるスポンサーの立場に立つと、A社に確認する必要がある。

本書は二〇〇一年一〇月にダイヤモンド社から刊行された『お金がふえるシンプルな考え方』を改題、大幅加筆したものです。

日経ビジネス人文庫

お金《かね》をふやす本当《ほんとう》の常識《じょうしき》
シンプルで正《ただ》しい30のルール

2005年10月1日 第1刷発行

著者
山崎 元
やまざき・はじめ

発行者
小林俊太

発行所
日本経済新聞社
東京都千代田区大手町1-9-5 〒100-8066
電話(03)3270-0251 振替00130-7-555
http://www.nikkei.co.jp/

ブックデザイン
鈴木成一デザイン室

印刷・製本
凸版印刷

定価はカバーに表示してあります。落丁本・乱丁本はお取り替えいたします。

Printed in Japan ISBN4-532-19307-9
読後のご感想をホームページにお寄せください。
http://www.nikkei-bookdirect.com/kansou.html

タイヤキのしっぽはマーケットにくれてやる!

藤巻健史

世界にその名を轟かせたカリスマディーラーが明かす、「血と冷や汗と涙」の日々。ミスター・フジマキの本当の凄さがわかる。

いやでもわかる日本経済

日本経済新聞社=編

日本経済が回復しないのはなぜ? 企業は何に悩んでいるの? 大学では教えてくれない日本経済の素顔を、小説スタイルで描く。

クルーグマン教授の経済入門

ポール・クルーグマン
山形浩生=訳

「経済のよしあしを決めるのは生産性、所得分配、失業」。米国経済を例に問題の根元を明快に解説。正しい政策を見抜く力を養う。

人はなぜお金で失敗するのか

G・ベルスキー&
T・ギロヴィッチ
鬼澤 忍=訳

知らず知らずにお金で損する人間の思考様式を、ジャーナリストと心理学者が解き明かす。お金の罠にはまらない心得が楽しく学べる。

なぜ会社は変われないのか

柴田昌治

残業を重ねて社員は必死に働くのに、会社は赤字。上からは改革の掛け声ばかり。こんな会社を蘇らせた手法を迫真のドラマで描く。

ソニーの遺伝子

勝見 明

常識を破り、法則を崩し、テレビの歴史を変えた平面ブラウン管テレビ「ベガ」。「創造」の遺伝子が凝縮された奇跡の開発物語に迫る。